图文集

纪念任继愈所长

中国社会科学院世界宗教教研究所 编

中国社会科学出版社

图书在版编目（CIP）数据

纪念任继愈所长图文集/中国社会科学院世界宗教
研究所编 . —北京：中国社会科学出版社，2010. 5
ISBN 978-7-5004-8697-8

Ⅰ. ①纪… Ⅱ. ①中… Ⅲ. ①任继愈（1916～2009）–
纪念文集 Ⅳ. ①K825. 1 – 53

中国版本图书馆 CIP 数据核字（2010）第 072289 号

责任编辑 黄燕生
特邀编辑 林巧薇 韩 雪
责任校对 修广平
封面设计 大鹏工作室
技术编辑 戴 宽

出版发行 中国社会科学出版社
社 址 北京鼓楼西大街甲 158 号 邮 编 100720
电 话 010 – 84029450（邮购）
网 址 http：//www. csspw. cn
经 销 新华书店
印 刷 北京君升印刷有限公司 装 订 广增装订厂
版 次 2010 年 5 月第 1 版 印 次 2010 年 5 月第 1 次印刷
开 本 710×1000 1/16
印 张 16. 25
字 数 190 千字
定 价 58. 00 元

任继愈先生

·任继愈所长生前珍贵照片·

1979 年 2 月昆明全国宗教学研究规划会议期间

后排左起：徐梵澄、李富华、张继安、阎韬、陈启伟、孙方柱、石峻、金宜久、季羡林、耿世民、任继愈、陈克明、
　　　　陈修斋、张俊彦、朱德生、林英、张德光

前排左起：曹琦、张义德、吕大吉、牟钟鉴、马桂芳、戴康生、李传明（照片由牟钟鉴提供）

1979 年 2 月昆明全国宗教学研究规划会议期间

后排左起：阎韬、牟钟鉴、张义德、李传明、陈修斋、陈启伟、曹琦、邓锐龄、张继安、黄心川、陈克明、
　　　　张保胜、韩敬

中排左起：张德光、任继愈、罗竹风、熊德基、蔡尚思、季羡林、石峻、马学良、张克强

前排左起：张俊彦、朱德生、吕大吉、戴康生、朱天顺、马桂芳、金春峰、李富华、金宜久、孙方柱（照片由牟钟鉴提供）

20 世纪 80 年代初，中国社科院崇文门招待所（世宗所临时居所）楼顶
中排坐左六为任继愈（照片由牟钟鉴提供）

任继愈与李富华（照片由李富华提供）

1980 年任继愈（前排右十）参加全国佛教学术研讨会（照片由王镇提供）

1982 年任继愈（二排右七）参加宗教学理论座谈会（照片由王镇提供）

20 世纪 80 年代任继愈在四川（照片由王镇提供）

1982 年任继愈（右四）参加西北五省伊斯兰教学术研讨会，摄于西宁塔尔寺（照片由金宜久提供）

1985 年 4 月龙门石窟东山白居易墓前，**潘桂明、任继愈、牟钟鉴**（照片由牟钟鉴提供）

1985 年 4 月中旬魏晋南北朝佛教学术会议时的合影

左起：曹中建、石峻、任继愈、段文杰（前敦煌研究院院长）、方立天（照片由黄陵渝提供）

1985 年 7 月兴城八一疗养院

左起：郭瑞祥、吕大吉、金泽、任继愈、牟钟鉴、李文厚（照片由牟钟鉴提供）

1985 年任继愈、杜继文、方立天、楼宇烈、杨曾文参加中日第一次佛教学术会议

（右三是鎌田茂雄）（照片由杨曾文提供）

1985 年中日第一次佛教学术会议在京都，前排右四为任继愈（照片由杨曾文提供）

1985 年任继愈、杜继文、杨曾文与日本留学生丘山新、菅野博史、中条道昭（照片由杨曾文提供）

1988 年任继愈、杜继文、牟钟鉴、杨曾文与研究生（照片由杨曾文提供）

1992 年任继愈访问日本与中外日报社社长本间昭之助、鎌田茂雄（照片由杨曾文提供）

1997年任继愈（右三）在京都中日第七次佛教学术会议（照片由杨曾文提供）

1997年任继愈（右一）在京都中日第七次佛教学术会议（照片由杨曾文提供）

1997 年任继愈（前排左三）在京都中日第七次佛教学术会议（照片由杨曾文提供）

1998 年任继愈出席中国社会科学院佛教研究中心成立会议（照片由杨曾文提供）

1999 年任继愈授予鎌田茂雄中国社会科学院佛教研究中心名誉研究员证书（照片由杨曾文提供）

日本福永光司(中)访问北京图书馆会见任继愈（照片由黄心川提供）

任继愈、日本末木文美士、杨曾文参加高洪论文答辩会（照片由杨曾文提供）

**北京大学冯友兰国际学术研讨会合影，2005 年 11 月。前排中有任继愈、
朱伯崑、宗璞、杨波等**（照片由牟钟鉴提供）

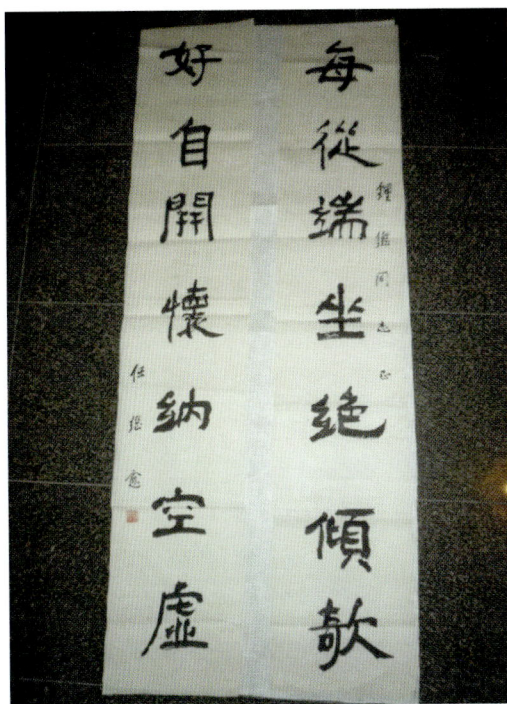

任先生给牟钟鉴写的对联，大约在 80 年代中期（照片由牟钟鉴提供）

2007 年正月任继愈与杨曾文（照片由杨曾文提供）

任继愈与卓新平（照片由卓新平提供）

任继愈与杨曾文、卓新平（照片由卓新平提供）

任继愈与李申等（照片由李申提供）

任继愈与李申在国图（照片由李申提供）

任继愈与黄心川、杜继文、卓新平（照片由黄陵渝提供）

摄于 2007 年的任继愈（照片由黄陵渝提供）

任继愈与金宜久（照片由黄陵渝提供）

任继愈与世界宗教研究所同仁（照片由黄陵渝提供）

《宗教词典》修订本(2009 年 12 月出版)新编委会(由任先生亲自选定)主要成员与编写者合影

　　第一排左起:黄心川、任继愈、钟肇鹏、杜继文;第二排左起:金宜久、陆海龙、卓新平、黄陵渝、何光沪(照片由黄陵渝提供)

2000 年,曹家祥与任先生的合影(照片由曹家祥提供)

任继愈和黄心川（照片由黄心川提供）

任继愈在社科书店（照片由黄德志提供，摄于 2003 年）

任继愈在社科书店（照片由黄德志提供）

任继愈在社科书店（照片由黄德志提供）

任继愈在社科书店（照片由黄德志提供）

任继愈与吴受琚等（照片由世界宗教研究所提供）

2006 年 5 月任继愈和步近智、张安奇夫妇（照片由黄燕生提供）

2006 年 5 月任继愈和步近智（照片由黄燕生提供）

2008 年 1 月赵剑英拜访任继愈（照片由黄燕生提供）

2008 年 1 月黄燕生拜访任继愈（照片由黄燕生提供）

任继愈与乐峰（照片由乐峰提供）

任继愈与金宜久（照片由金宜久提供）

任继愈与金宜久（照片由黄渝陵提供）

任继愈与金宜久（照片由金宜久提供）

任继愈与金宜久（照片由金宜久提供）

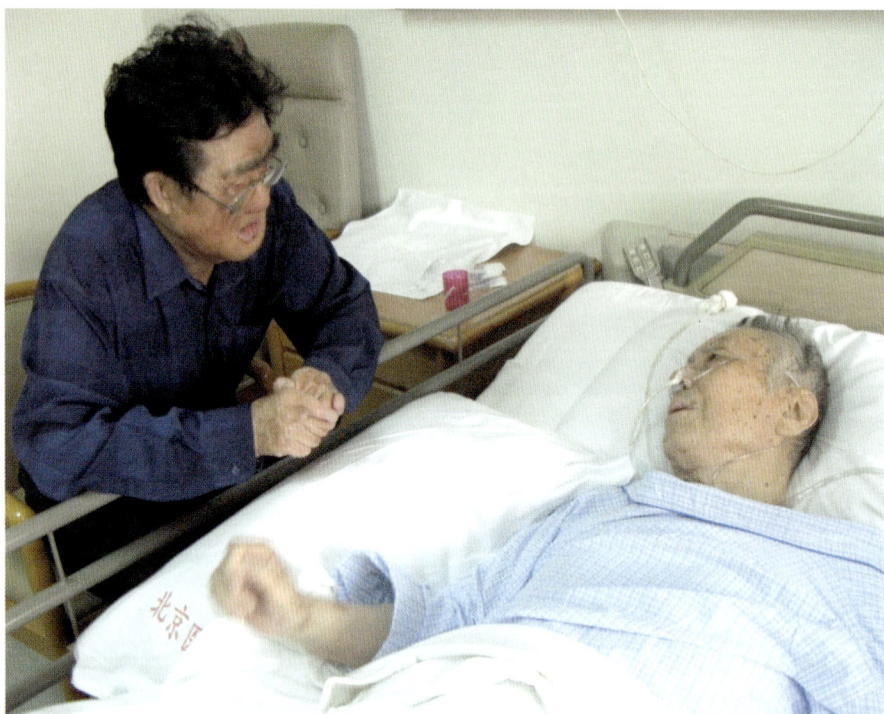

李申看望病中的任继愈（照片由李申提供）

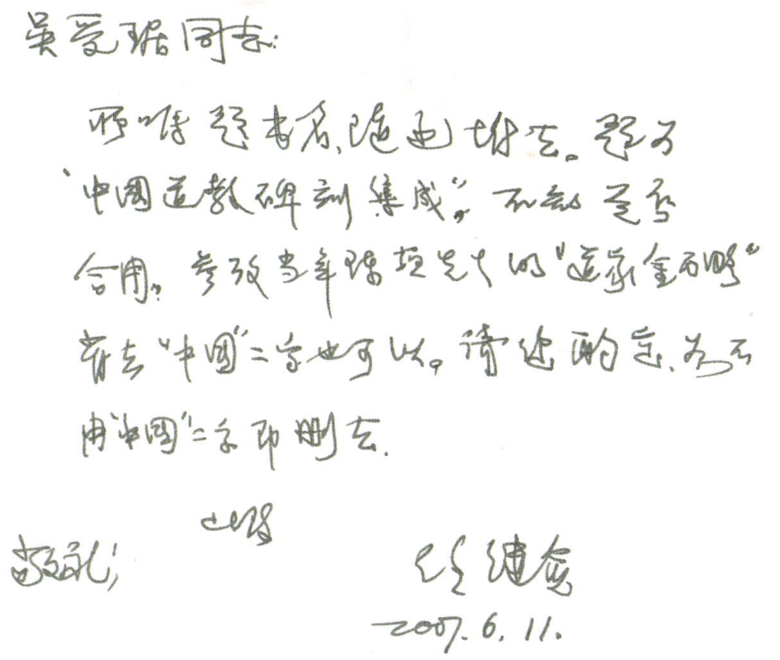

吴受琚同志：

　　那時悤忙，沒来得及。現才
"中國道教碑刻集成" 不知是否
合用。参攷当年陳垣先生的"道家金石略"
有无"中国"二字也可以，請您酌定，为了
用"中国"二字即删去。

　　　　　　　　　　　　此致

敬礼！　　　　　　　任继愈
　　　　　　　　　　2007. 6. 11.

任继愈写给吴受琚的信（照片由吴受琚提供）

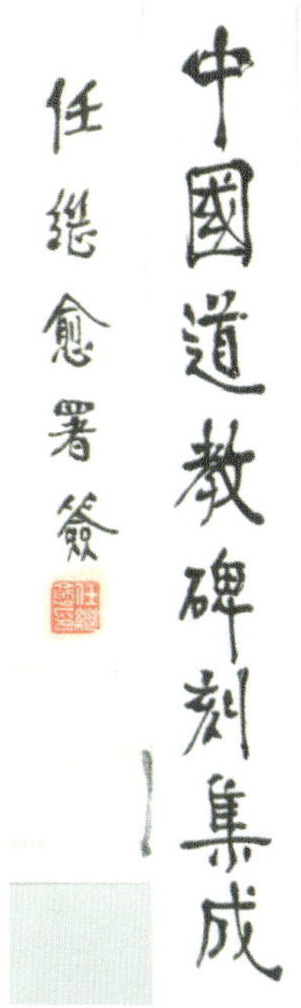

任继愈署簽

中國道教碑刻集成

任继愈为《中国道教碑刻集成》题签（照片由吴受琚提供）

小黄：

那词条，花了不少知识。词典所词典的体例，
不再议论，也不再辩难，只要陈述，所以要简练。

我不懂戒太教，有些叙述成引喻错处，
但不敢大改，怕伤吗了词条的主要内
容受到影响。都用铅笔在附可以擦掉，
只好供参改。

总的印象是此原来的字生之好上了一个台阶，
新版词典生色不少。

新年好，　全家好。

任继愈

2007.12.25.

另有一信，附去。

任继愈先生写给黄陵渝的信

·沉痛悼念任继愈先生·

北京八宝山举行任继愈先生追悼会(2009 年 7 月 17 日,照片由宗教所提供)

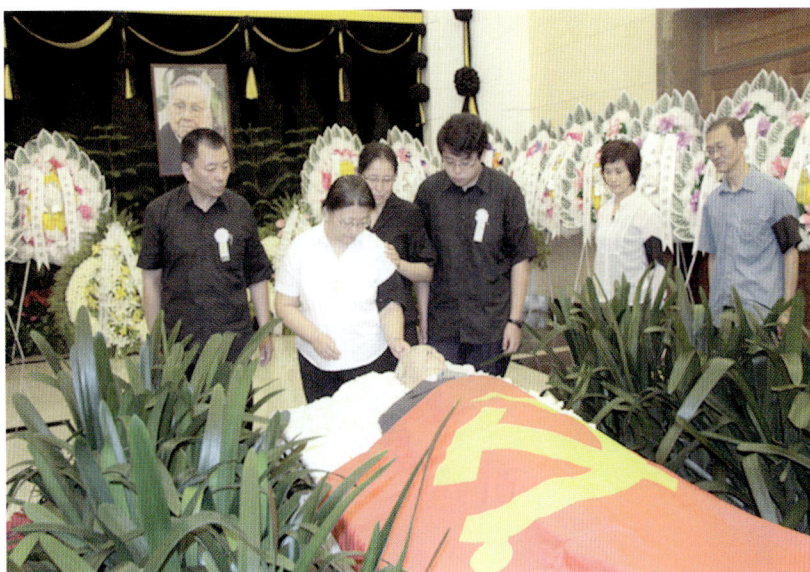

亲属痛悼任公(照片由黄陵渝提供)

悲恸（坐者为刘苏，照片由黄陵渝提供）

北京八宝山举行任继愈先生追悼会现场（照片由宗教所提供）

北京八宝山举行任继愈先生追悼会现场

北京八宝山举行任继愈先生追悼会现场

北京八宝山举行任继愈先生追悼会现场

北京八宝山举行任继愈先生追悼会现场

中国社会科学院世界宗教研究所举行缅怀任继愈先生追思会现场(2009 年 7 月 17 日)

中国社会科学院世界宗教研究所同仁参加缅怀任继愈先生追思会

中国社会科学院常务副院长王伟光在缅怀任先生追思会上发言

杨曾文在追思会上发言

黄心川在追思会上发言

深切缅怀任继愈先生

中国社会科学院世界宗教研究所举行缅怀任继愈先生追思会现场

张安奇去任公家吊唁(2009 年 7 月 12 日,照片由黄燕生提供)

黄燕生去任公家吊唁(照片由黄燕生提供)

目 录

序

卓新平

　　任继愈先生是中国马克思主义宗教学的开创者和奠基人，是我们世界宗教研究所的创始人和第一任所长，他于1985年卸任后仍为我们所的名誉所长。在过去四十五年的时间里，任先生不仅创建了作为新中国第一个国家级宗教学术研究机构的世界宗教研究所，而且亲自领导了我们这一研究所的发展和建设。任先生作为我们的老所长、作为我们这一代宗教研究学者的引领人和导师，与我们有着非常深厚的感情。

　　在世界宗教研究所的发展进程中，任先生坚持用马克思主义来指导我们所的学术研究，强调系统学习、运用和结合中国国情来发展马克思主义宗教观。在他的

"积累资料，培养人才"的方针指引下，我们研究所已经发展成为国内一流、国际闻名的宗教学术研究机构，为全国宗教研究的理论界、学术界和相关职能部门输送了大批优秀人才，并为全国宗教学研究的开展、扩大和深入产生了重要影响。任先生为此还于1979年组织召开了全国宗教学研究规划会，发起成立全国性宗教学术研究社团"中国宗教学学会"（1986年更名为"中国宗教学会"）、"中国无神论学会"，并且亲自担任其会长、理事长。任先生为世界宗教研究所的建设和全国宗教学的发展做出了杰出的贡献。

中国宗教学的系统展开是乘了中国改革开放的东风，其真正规模化、系统化和建构化是三十多年来的伟大成就。在奠立中国宗教学全面发展的基础时，任先生付出了很多的时间和精力来教书育人，自1978年以来担任中国社会科学院研究生院教授和硕士、博士研究生导师，亲自培养了新中国历史上第一代宗教学研究生，最早的几批研究生现在已成为我们研究所的科研骨干和中国宗教学领域的领军人物，形成了广远的学术影响。在教书育人的事业上，任先生从哲学等领域扩展到宗教学这一新的领域，为我国当代高等教育的发展立了新功。

任先生一生治学严谨、艰苦朴素、平易近人、关爱后学，有着高雅的学术风范和崇高的精神境界，是我们学界学习的楷模、做人的榜样。我们要学习任先生对马克思主义理论学说的坚持和运用，学习任先生对学术研究的执著追求和在宗教学领域的大胆开拓，学习任先生洞观世界宗教发展的开阔视野和在探究人类精神现象上的不断创新，学习任先生教书育人、奖掖后学的崇高境界，学习任先生俭朴廉明、谦和平静的人生态度，在学术研究上和构建当今和谐社会上继往开来，不断进步。

2009年7月11日，任先生因病去世，永远地离开了我们。任先生的逝世是我国学术界的重大损失，尤其是我们世界宗教研究所的重大损失。我们全所同志感到极为悲痛，并于7月17日在研究所召开了"任继愈先生追思会"，表达我们对老所长任先生的深切缅怀和追念。中国社会科学院常务副院长王伟光同志出席了追思会，并在会上发言，高度评价了任先生的一生。研究所在岗研究人员和许多离退休的研究及行政人员出席了追思会，任先生的不少学生、同事、朋友、熟人也从各地来到研究所参加追思会。大家充满感情地回忆了与任先生的交往，以及从任先生那儿得到的帮助、受到的教育，对任先生的与世长辞表示了沉痛的哀悼，对我们敬重的老所长有着深深的怀念。追思会后，我们研究所搜集了任先

生在研究所工作、生活各个时期的珍贵照片，收到了所内外同志们写来的纪念文章，汇编为《纪念任继愈所长图文集》，以表达我们对老所长任先生的永恒纪念和怀念。

2009 年 11 月 12 日

任继愈先生简介

任继愈（1916.4.15—2009.7.11），字又之，山东平原人，著名哲学家、宗教学家、历史学家，国家图书馆名誉馆长。1916年4月15日生于山东省平原县。1934年考入北京大学哲学系，1938年毕业。1939年考取西南联大北京大学文科研究所第一批研究生，师从汤用彤和贺麟，教授、攻读中国哲学史和佛教史。1941年毕业，获硕士学位。1942—1964年在北京大学哲学系任教，历任讲师、副教授、教授，

先后在北京大学讲授中国哲学史、宋明理学、中国哲学问题、朱子哲学、华严宗研究、佛教著作选读、隋唐佛教和逻辑学等课程，并在北京师范大学担任中国哲学史课程。1955—1966 年担任《北京大学学报》（人文科学版）编辑。1956 年起兼任中国科学院哲学研究所研究员，为新中国培养第一批副博士研究生。1964 年，负责筹建国家第一个宗教研究机构——中国科学院世界宗教研究所，任所长。1978 年起招收宗教学硕士生、博士生，1985 年起与北大合作培养宗教学本科生，为国家培养大批宗教学研究人才。致力于用唯物史观研究中国佛教史和中国哲学史。曾多次在国外讲学并进行学术访问。

任继愈于 1987 年至 2005 年 1 月任国家图书馆馆长，兼北京大学教授，中国社科院研究生院博士生导师，中国哲学史学会会长，中国社科基金宗教组召集人，中国无神论学会理事长、学术界的代表，王羲之艺术研究院学术顾问，当选为第四、五、六、七、八届全国人大代表。1999 年当选为国际欧亚科学院院士。

1991 年 6 月，任继愈先生应邀出席了在山东省广饶县举行的"孙子学术研讨会"，和其他 150 余名与会专家共同揭开了关于孙子故里的千古之谜，确定山东省广饶县即为春秋时期伟大军事家、思想家、《孙子兵法》作者、兵圣孙武（孙子）的故里。会上，任继愈先生被推选为中国孙子与齐文化研究会会长，并被聘为广饶县孙子研究中心特邀顾问。

任继愈因病医治无效，于2009年7月11日4时30分在北京医院逝世，享年93岁。

任继愈先生一生俭朴，嗜好不多，除了酷爱藏书之外，就是一枚爱不释手的汉玉把件双面马驮金。很为世人称道。

学术主张

任继愈先生把总结中国古代精神遗产作为自己一生的追求和使命，致力于用唯物史观研究中国佛教史和中国哲学史。在中国古代诸子百家中，他最初相信儒家。新中国成立以后，他接受了马克思主义。在用马克思主义总结中国古代哲学的工作中，他是做得最好的一位。由他主编的《中国哲学史》（四卷本）从20世纪60年代开始，就是大学哲学系的基本教材。40年来，培养了一代又一代哲学工作者。70年代后期，他又主编了《中国哲学发展史》（七卷本，已出四卷）。他在《寿命最短的

黄老学派效应长久的黄老思想》一文中，指出"司马迁的《史记》把老子与韩非合在一起，写成《老子韩非列传》。古人曾指责司马迁分类不当，认为老子不应与韩非摆在一起，其实两家有相融相通处，《史记》的安排并不能算错，而且是可以理解的。"

20世纪50年代，他把对佛教哲学思想的研究作为研究中国哲学的组成部分。从20世纪50年代起，他连续发表了几篇研究佛教哲学的文章，受到毛泽东的高度重视。这些论文后来以《汉唐佛教思想论集》出版，成为新中国用马克思主义研究宗教问题的奠基之作。1964年，他奉毛泽东主席和周恩来总理之命，组建世界宗教研究所。几十年来，世界宗教研究所培养了一批批宗教研究人才。他在继《汉唐佛教思想论集》之后，又主编了《中国佛教史》（八卷本，已出三卷）、《中国道教史》、《宗教大辞典》、《佛教大辞典》。

任继愈先生第三项学术贡献是提出了"儒教是教"说，这一判断根本改变了对中国传统文化性质的看法，是认识中国传统文化本来面貌的基础性理论建树。这些年来，"儒教是教"说逐渐得到学术界理解和赞同。

任继愈先生的第四项学术贡献，是领导了大规模的传统文化的资料整理工作。从20世纪80年代开始，任继愈先生就领导了《中华大藏经（汉文部分）》的整理和编纂工作。全书106册，1.02亿字。目前，《中华大藏经（下编）》也已经启动，预计2亿—3亿字。同时，任先生又主持编纂《中华大典》，预计7亿字。

任继愈先生的第五项学术贡献，是始终坚持以科学无神论为思想基础的马克思主义宗教观，坚持宗教研究中的马克思主义立场，坚持用无神论思想批判形形色色的有神论，抵制各种打着科学和民族文化旗号的土洋迷信。在他的领导下，创办了建国以来、也是迄今为止唯一的以宣传无神论为宗旨的杂志：《科学与无神论》。

专著有《汉唐佛教思想论集》、《中国哲学史论》、《任继愈学术论著自选集》、《任继愈学术文化随笔》、《老子全译》、《老子绎读》等；主编有《中国哲学史简编》、《中国哲学史》（4卷本）、《中国佛教史》（8卷本，已出第1、2卷）、《宗教词典》、《中国哲学发展史》（7卷本，已出第1、2卷）等；此外，还主持《中华大藏经》（汉文部分）的编辑出版工作；主要论文收集在《汉唐佛教思想论集》和《中国哲学史论》中。

任继愈先生年谱

1916 年 4 月 15 日，任继愈先生出生于山东平原县。

他毕业于山东济南的省立第一模范小学（现大明湖小学）。在那里，曹景黄先生为他打下了阅读古汉语的基础，使他终生感念。

任继愈先生中学就读于北平大学附属中学。期间，他遇到了几位对他的国文功底产生了深远影响的老师：任今才、刘伯敔、张希之。在他们的影响下，任继愈先生开始阅读胡适、梁启超、冯友兰等人的著作，接受更深层次的思想启蒙。最让任继愈先生难忘的是，北平大学附属中学不提倡"读死书，死读书"而且对学生的户籍、爱好和身份都无限制。

最初，任继愈先生的学习成绩只是中等偏上，考试成绩并不是最好的，但是他每次考完后，总要检查错在哪里，就像下围棋复盘一样，这成为他求学生涯中始终坚持的习惯，也因此学习成绩越来越优秀。

1934 年，任继愈先生考入北京大学哲学系，学习西方哲学。

　　1937 年"七七"事变爆发，北京大学、清华大学和南开大学奉命迁到湖南长沙，半年后又奉命迁往云南昆明，成立西南联大。

　　时在北大哲学系读书的任继愈先生报名参加了由长沙出发步行到昆明的"湘黔滇旅行团"。经过了体检、写志愿书、打防疫针等一系列程序之后，200 多名师生开始了这次"小长征"。

　　在这次历经 60 余天、1400 多里路的旅行中，任继愈先生充分接触到了社会最底层的普通民众。国难当头，生活于困顿之中的民众却能舍生取义，拼死抗敌，此种精神使他深受震撼。中华民族在危难中不屈的精神从何处来？从那时开始，他的人生理想和学术追求发生了潜移默化的转变。

　　西南联大浓厚的学术氛围，为任继愈先生日后学术研究和知识积累，打下了良好的基础。他的研究方向也从西洋哲学转向中国传统文化与传统哲学，他还将自己的书房命名为"潜斋"，意思是要以打持久战的抗战精神，潜下心来研究中国的传统文化。他坚信，这其中一定有他要找寻的答案。

　　1938 年，任继愈先生从西南联大毕业。1939 年，他考取西南联大北京大学文科研究所第一批研究生，师从

汤用彤和贺麟教授，攻读中国哲学史和佛教史。1941 年，任继愈先生毕业并获得硕士学位。

1942—1964 年，任继愈先生在北京大学哲学系任教，历任讲师、副教授、教授，先后在北京大学讲授中国哲学史、宋明理学、中国哲学问题、朱子哲学、华严宗研究、佛教著作选读、隋唐佛教和逻辑学等课程，并在北京师范大学讲授中国哲学史课程。1956 年起，兼任中国科学院哲学研究所研究员，为新中国培养了第一批副博士研究生。

1955—1966 年，任继愈先生担任《北京大学学报》（人文科学版）编辑。

1956 年，任继愈先生加入中国共产党。

1959 年 10 月 13 日，毛泽东主席与任继愈先生之间进行了一次关于宗教问题的谈话。当毛泽东主席听说任继愈先生在北京大学用马克思主义的方法搞佛教研究后，便称他是"凤毛麟角"，并对他说，我们过去都是搞无神论，搞革命的，没有顾得上宗教这个问题。宗教问题很重要，要开展研究。

1964 年，任继愈先生受命组建中国社会科学院世界宗教研究所，并任该所所长。这是中国第一所宗教研究机构。任继愈先生在世界宗教研究所任职期间，与北京大学联合培养宗教学本科生，为新中国培养了一大批宗教学研究人才。

"文化大革命"期间，任继愈先生被送往河南信阳干校接受"教育"。由于种种原因，他的右眼患了严重的眼疾，以致失明；左眼视力也受到了损害。

"文化大革命"结束后，任继愈先生从河南回到了北京，世界宗教研究所也恢复了原有的建制，并先后成立了中国宗教学学会和中国无神论学会，任继愈先生同时兼任两个学会的会长（理事长）。

1978年，在南京召开的中国无神论学会成立大会上，任继愈先生提出了"儒教是教"说。此后，他在世界宗教研究所专门成立了儒教研究室。

1978年起，任继愈先生担任中国社会科学院研究生院教授，国务院学位委员会学科评议组成员和哲学组召集人，国家古籍出版规划小组委员，中国西藏佛教研究会会长，中国哲学史学会会长，社会科学基金宗教组召集人，中国社会科学院世界宗教研究所名誉所长；作为学术界的代表，当选为第四届至第八届全国人民代表大会代表。

1987年起，任继愈先生担任北京图书馆馆长。

1999年，任继愈先生当选为国际欧亚科学院院士。

2001 年，任继愈先生担任"保护民族文化遗产公益系列广告"之长城篇形象代言人，文案由他亲自审定，他的"完美真实地将祖先留下的杰作传给子孙后代，是华夏儿女共同的责任"的告诫，震撼着每一个炎黄子孙的心。

任继愈先生曾先后到尼泊尔、日本、加拿大、美国、法国、意大利、俄罗斯、南斯拉夫、印度、巴基斯坦、厄瓜多尔、埃及等国访问讲学，为促进国际学术交流做出了贡献。

2005 年 4 月 14 日，在他本人的再三要求下，任继愈先生从担任了 18 年的国家图书馆馆长任上退下，改任名誉馆长。

任继愈先生一生坚持真理，追求进步，毕生为中华民族的强盛而奋斗。他把传统的贤人风范转化为新时代的知识分子情操，把传统道德的忠孝转化为对国家和人民的忠诚，为人与为学都是中国学者的典范。

刊行著作

一、专著

《老子今译》（古籍出版社，1956 年 8 月）

《魏晋玄学中的社会政治思想略论》1956（合著）

《范缜"神灭论"今释》1957（译注）

《墨子》1961（专著）

《汉唐佛教思想论集》（人民出版社，1973 年）

《老子新译》（上海古籍出版社，1978 年 3 月；1985
年又出修订本）

《中国哲学史论》（上海人民出版社，1981 年）

《中国佛学论文集》1984（合著）

《中国哲学发展史》1985（专著）

《任继愈学术论著自选集》（北京师范学院出版社，
1991 年 11 月）

《佛教史》1991（专著）

《老子全译》（巴蜀书社，1992 年）

《汉唐佛教思想论集》1994（专著）

《任继愈学术文化随笔》（中国青年出版社，1996
年）

《佛教与东方文化》1997（专著）

《墨子与墨家》（商务印书馆，1998 年 12 月）

《天人之际》1998（专著）

《墨子与墨家》1999（专著）

《任继愈自选集》2000（专著）

《竹影集》（任继愈自选集）（新世界出版社，2002年1月）

《任继愈禅学论集》（商务印书馆，2005年8月）

《皓首学术随笔·任继愈卷》（中华书局，2006年10月）

《老子绎读》（书目文献出版社，2006年12月）

二、主编

《中国哲学史》（四卷本，人民出版社，1963年7月初版）

《中国哲学发展史》（七卷本，已出四卷，人民出版社，1983—1998年）

《佛教经籍选编》1985（选编）

《中国佛教史》（八卷本，已出三卷，中国社会科学出版社，1988年4月）

《中国道教史》（上海人民出版社，1989年；中国社会科学出版社于2001年出版增订本）

《道藏提要》（中国社会科学出版社，1991年7月）

《中国科学技术典籍通汇》1993

《中国哲学史通览》1994

《中国文化史知识丛书》1996

《北京图书馆同人文选·第三辑》1997

《禅宗与中国文化》1997

《宗教大辞典》（上海辞书出版社，1998 年 8 月）

《儒教问题争论集》2000

《中国藏书楼》2001

《宗教小辞典丛书》2001

《齐鲁人杰丛书》2001

《中国版本文化丛书》2002

《中国国家图书馆碑帖精华》2002

《20 世纪中国学术大典·宗教学》2002

《佛教大辞典》（江苏古籍出版社，2002 年 12 月）

《中华大藏经》2004（主编）

《墨子大全》2005（主编）

《新版宗教史丛书》2006（主编）

《国际汉学》（1—16 辑）1998—2007（主编）

《国家图书馆藏敦煌遗书》2008（主编）

《中国文化经典》2008（主编）

《中华大典·哲学典》2008（主编）

发表文章

一、论文

韩非的社会政治思想的几个问题（《文史哲》1955年04期）

从"内经"看中医的理论基础（《江西中医药》1956年06期）

鲁迅同中国古代伟大思想家们的关系（《科学通报》1956年10期）

魏晋清谈的实质和影响（《历史教学》1956年10期）

禅宗哲学思想略论（《哲学研究》1957年04期）

春秋时代天文学和老子的唯物主义思想（《北京大学学报》（哲学社会科学版）1959年04期）

论老子哲学的唯物主义本质——兼答关锋、林聿时同志（《哲学研究》1959年07期）

天台宗哲学思想略论（《哲学研究》1960年02期）

庄子探源——从唯物主义的庄周到唯心主义的"后期庄学"（《北京大学学报》（哲学社会科学版）1961年02期；《哲学研究》1961年02期）

法相宗哲学思想略论（《哲学研究》1962 年 02 期）

老子的朴素辩证法思想（《教学与研究》1962 年 02期）

墨子生卒年简考（《文史哲》1962 年 02 期）

关于《物不迁论》——一篇形而上学的佛学论文（《学术月刊》1962 年 02 期）

孔子——奴隶社会的保守派、封建社会的"圣人"（《北京大学学报》（哲学社会科学版）1962 年 04 期）

庄子探源之四——"后期庄学"（内篇）的唯心主义哲学体系（《北京大学学报》（哲学社会科学版）1962 年05 期）

孔子的"仁"的保守思想中的进步意义（《学术月刊》1962 年 07 期）

王弼"贵无"的唯心主义本体论（《北京大学学报》（哲学社会科学版）1963 年 03 期）

关于《不真空论》（附今译）（《学术月刊》1963 年03 期）

如果老子是唯物主义者（《哲学研究》1963 年 06期）

李筌的唯物主义观点和军事辩证法思想（《北京大学学报》（哲学社会科学版）1963 年 06 期）

孔子讲的"仁"能不能是人类普遍的爱（《学术月刊》1963 年 08 期）

研究哲学史首先要尊重历史（《哲学研究》1963 年 04 期）

儒教的再评价（《社会科学战线》1982 年 02 期）

宗教研究与哲学研究（《青海社会科学》1982 年 05 期）

中国文化的特点（《承德民族师专学报》1985 年 01 期）

道家与道教（《国土资源高等职业教育研究》1987 年 03 期）

禅宗与中国文化（《社会科学战线》1988 年 02 期）

唐代三教中的佛教（《五台山研究》1990 年 03 期）

中华民族的生命力：民族的融合力，文化的融合力（《学术研究》1991 年 01 期）

从中华民族文化看中国哲学的未来（《哲学研究》1991 年 11 期）

把《周易》研究的方法问题提到日程上来（《哲学研究》1992 年 01 期）

中国哲学的过去与未来（《中国哲学史》1993 年 03 期）

弘忍与禅宗（《佛学研究》1994 年 01 期）

李贽思想的进步性（《首都师范大学学报》（社会科学版）1994 年 05 期）

中国传统文化的继承与发展（《齐鲁学刊》1994 年 06 期）

冯友兰先生对中国哲学的继承和发展（《齐鲁学刊》1996 年 02 期）

老学源流（《寻根》1996 年 02 期）

中国哲学史的里程碑——老子的"无"（《中国哲学史》1997 年 01 期）

天台宗与中国佛教（《世界宗教研究》1998 年 02 期）

齐文化的产生和研究齐文化的意义（《济南教育学院学报》1999 年 01 期）

郭店竹简与楚文化（《中国哲学史》2000 年 01 期）

中国传统文化的光明前景（《中国文化研究》2000 年 04 期）

李贽的悲剧结局（《首都师范大学学报》（社会科学版）2000 年 04 期）

朱熹格物说的历史意义（《南昌大学学报》（人文社会科学版）2001 年 01 期）

二十一世纪的中国哲学（《中国哲学史》2001 年 01 期）

宗教学理论研究不能脱离实际和现状（《中国宗教》2001 年 02 期）

谈谈孝道（《人民日报》2001 年 7 月 24 日）

五台山文化是中国传统文化的缩影——五台山佛教文化国际学术会议上的讲话（《五台山研究》2002 年 03 期）

李贽改革悲剧给后人的启示（《首都师范大学学报》（社会科学版）2002 年 06 期）

说忠孝——儒学的回顾与前瞻（《纪念孔子诞生 2555 周年国际学术研讨会论文集》卷一，2004 年）

无神论教育与科教兴国——2003 年 11 月 28 日在中国无神论学会 2003 年学术年会上的讲话（《科学与无神论》2004 年 01 期）

中国封建社会忠孝规范的历史贡献（《中国社会科学院院报》2004 年 1 月 29 日）

对忠孝传统应给予新评价（《北京日报》2004 年 2 月 23 日）

现代文明与宗教对话（《中国宗教》2004 年 12 期）

汉字识繁用简的必要与可能（《光明日报》2006 年 5

月 17 日）

再谈儒家和儒教（《北京日报》2007 年 3 月 12 日）

再谈儒学（《中国文化报》2007 年 4 月 26 日）

《墨子·非攻》读后

二、序跋

《中国少数民族哲学思想史论集》序（《哲学研究》
1983 年 06 期）

《印度佛教史》汉译本序（《晋阳学刊》1984 年 05
期）

《五台山古诗选注》序（《五台山研究》1987 年 01
期）

《中国佛性论》序（《哲学研究》1988 年 06 期）

《禅宗的形成及其初期思想研究》序（《哲学研究》
1989 年 11 期）

《阴符经素书释义》序（《中国道教》1992 年 03 期）

《苏轼禅诗研究》序（《佛学研究》1995 年 01 期）

《中国儒教史》序（《中国哲学史》1997 年 04 期）

《惠能评传》序（《中国哲学史》1999 年 03 期）

《汤用彤全集》序二（《中国哲学史》2001 年 02 期）

《十六国帝王列传》序（《文史月刊》2003 年 01 期）

对中国儒教的全面剖析——《中国儒教论》序（《中国社会科学院院报》2005 年 12 月 1 日）

三、随笔

熊十力先生的为人与治学（1988 年）

有关蔡元培校长几则轶事（《北京大学学报》（哲学社会科学版）1998 年 02 期）

抗战时期西南联大散记（《北京日报》2006 年 4 月 3 日）

任继愈：一个民族的文学、史学、哲学、宗教最能体现这个民族的性格和风格。年轻人应多了解祖国的历史，中国的历史文化从古至今绵延不绝，只有我们中国人才有这个条件，美国人就没有，写到 200 多年以前，他们就写到欧洲去了。不管你是学理的，还是学文的，都应该对民族的历史有所了解，这样才能知道中华民族的文化是多么优秀，真理本身是多么朴素可爱。

"深切缅怀任继愈先生"
追思会述要

　　2009 年 7 月 17 日下午，中国社会科学院世界宗教研究所组织召开"深切缅怀任继愈先生"追思会。中国社会科学院党组副书记、常务副院长王伟光出席，会议由中国社会科学院世界宗教研究所所长卓新平主持，中国社会科学院网络中心主任张新鹰，中国社会科学院世界宗教研究所副所长金泽，中国社会科学院世界宗教研究所原党委书记吴云贵，中国社会科学院世界宗教研究所原所长、荣誉学部委员杜继文，中国社会科学院原南亚所所长、荣誉学部委员黄心川，中国社会科学院荣誉学部委员金宜久和杨曾文，中国社会科学院社会学所原副所长杨雅彬，中国社会科学院世界宗教研究所原副所长

于本源，原办公室主任曹琦和编辑部原主任李富华等各界学者出席座谈会。与会人员中有任继愈先生生前的同事、世界宗教研究所的老一辈专家学者乐峰、韩秉芳等人，有任先生生前的学生李申、叶露华、秦惠彬、李明友、潘桂明等人，还有专程从外地赶来悼念的各界学者。在追思会中，与会学者首先起立为任继愈先生的去世默哀一分钟，随后发言的专家学者回顾了个人与任继愈先生交往点点滴滴，就任先生在学术贡献、社会影响、培养人才与个人品德等方面发表感言，表达了对任先生的缅怀之情。

中国社会科学院常务副院长王伟光在发言中指出任继愈先生是我国著名的哲学家、宗教学家、历史学家、图书馆学家和教育家，是我国著名的哲学社会科学学者，对中国的哲学社会科学事业的发展、对中国哲学史、宗教学、图书馆学等学科的发展都做出了卓有成效的贡献。中国社会科学院世界宗教研究所的发展离不开任继愈先生。任先生是世界宗教研究所的奠基人，也是马克思主义宗教学的创建人，所以在世界宗教研究所召开缅怀任继愈先生的追思会有着深刻的意义。他谈到任继愈先生在马克思主义宗教学领域和中国哲学史领域的研究对其影响颇深，提出可以从四个方面高度概括任继愈先生的经历和贡献。第一，任先生是中国最著名的中国哲学史家。他以马克思主义的立场、观点为指导，在中国哲学史研究方面做出卓越贡献。第二，任先生奠定了用马克思主义世界观方法论进行宗教研究的基础工作，创立了马克思主义宗教学。任先生的一生和我党的理论事业、和新中国哲学社会科学事业密不可分。第三，任先生是著名的图书馆学者。其在担任国家图书馆馆长、名誉馆长期间，对中国的图书馆事业做出重要贡献，特别是在古籍整理、孤本、善本的开发和利用上做出了开拓性的学术研究。第四，任继愈先生是最著名的、最受学者和年轻人拥戴的哲学社会科学教育家。他的为人、他的学问、他的书都对我们后辈起到非常深刻的教育作用。最后，王伟光副院长还提出希望世界宗教研究所遵循任先生坚持的正确的立场观点、做学问的宗旨，进一步推进马克思主义宗教学研究和世界宗教研究所的发展。

任继愈先生生前的同事、世界宗教研究所的老一辈专家学者黄心川、杨曾文、杜继文、吴云贵、金宜久、乐峰等人对任继愈先生在治学精神、学术贡献和社会影响等方面做出了高度的评价。黄心川指出任先生在治学上会通儒、释、道三家之学问，堪称"国学大师"。杨曾文、吴云贵等人谈到任先生是中国马克思主义宗教学的

开创者和奠基人。任先生曾在毛主席亲自批示下于1964年创建了世界宗教研究所，标志着中国宗教学作为一个学科体系的诞生。任先生还创建了中国宗教学学会和中国无神论学会；主持了《中国哲学史》、《中国佛教史》、《中国道教史》等重大课题的研究，推出了多卷本成果，填补了众多的学术空白；培养了几代中国宗教学研究人才，对中国宗教研究事业做出了不可磨灭的贡献。乐峰、于本源等人谈到在与任先生共事的几十年中，任先生为人谦虚谨慎、待人和善、淡泊名利、克勤克俭，助人为乐，不仅在学术上关心年轻人成长，而且在生活上也关心有特殊困难的工作人员。任先生作为中国传统的知识分子，在治学和为人上体现出中华民族的传统美德。杜继文还谈到任先生在近两年来仍然热衷着学术资料和研究的工作，不仅主持了《中华大藏经续编》等重大学术文化工程，还建议中国社会科学院组建科学无神论研究机构，建立科学无神论学科。卓新平指出任先生这种"鞠躬尽瘁，死而后已"的工作精神和人生境界，让我们这些学界晚辈感到震撼、受到激励。

任先生的学生李申、李明友、秦惠彬、潘桂明等人缅怀了与先师相处的点点滴滴往事，对任先生在培养人才和个人品德等方面给予了高度的赞扬。李申在发言中几度哽咽，他谈到任先生在传统文化的每一个领域，都有自己独特的建树，过人的视野和高屋建瓴的指导。任先生在世界宗教研究所任所长期间，提出了研究所工作的八字方针："积累资料，培养人才。"他培养的学生，许多已经成为各个方面的骨干。为培养人才，任先生从北大时候起经常资助困难的同学。著名学者李泽厚，至今还念念不忘先生资助他的那份情谊。他关怀自己的学生，甚至亲自为患病的学生家属寻找药方，在电梯停运的情况下登上七八层高楼去探望；任先生还关怀青少年一代，参加有关的公益活动，不断督促着把《科学与无神论》杂志和相关书籍送到青少年手中。任先生以火热的心肠对待青年一代，而自己的生活则俭朴到了刻苦的程度。李申对任先生的一生总结说："先生为学严谨，为人高尚。数十年为学的经历，使他形成一条规范：不说没有根据的话，不说自己没有想通的话。数十年人生途程中的风雨，使他坚持一个原则：在无法讲话的时候可以不讲，但决不乱讲。他把君子贤人的清高转化为新时代的清廉和俭朴，把传统道德的忠孝转化为对国家、对民族的忠诚。"他强调无论为学还是为人，任继愈先生都是一代宗师，是那些真正愿意为祖国的繁荣昌盛努力工作的学者们永远学习的榜样。李富华、韩秉芳等人还谈

到虽然与任先生没有师生名分，但是任先生对其在选择专业研究方向上有过精心地指导。他们的每一点进步都包含着任先生的教诲，他们在学术领域所取得的成就都与任先生耳提面命的指导密不可分。

中国社科院世界宗教研究所所长卓新平在主持追思会中，感伤地谈到其恩师任继愈先生与世长辞，是中国学术界的重大损失，在中国哲学史和中国宗教学研究领域甚至象征着一个时代的结束。卓所长总结到任继愈先生是世界宗教研究所创始人和老所长，其对世界宗教研究所的学术发展和研究方向有着重要的指导，也为中国宗教学的发展奠定了非常坚实的基础。我们今天纪念任继愈先生就是要坚持马克思主义宗教观的指导，坚持系统研究马克思主义宗教学，坚持对科学无神论的探讨和研究，坚持在宗教学研究上解放思想、大胆开拓，坚持贵在认真、刻苦钻研的学风，坚持与时俱进，发展具有中国特色的宗教学研究体系。

斯人已逝，而任继愈先生将为我们永铭于心！

（中国社会科学院世界宗教所　林巧薇）

深切缅怀任继愈先生，努力
完成他未竟的研究事业

王伟光

任继愈先生是我国著名的哲学家、宗教学家、历史学家、图书馆学家和教育家，是我国著名的哲学社会科学学者，对中国的哲学社会科学事业的发展、对中国哲学史、宗教学、图书馆学等学科的发展都做出了卓有成效的贡献。

1959 年毛泽东主席找任先生谈话，亲自指示其组建宗教研究所。1964 年任继愈先生建立了中国第一个研究世界宗教的研究机构，1978 年在中国社会科学院成立以后，成为中国社科院世界宗教研究所。

任继愈先生从担任世界宗教研究所所长，至 1987 年

担任国家图书馆馆长，并兼任世界宗教所名誉所长，前后一共 45 年。可以说，中国社会科学院世界宗教所的发展离不开任先生。任先生是世界宗教研究所的奠基人，也是马克思主义宗教学的创建人。所以，今天我们在这里召开追思会有着深刻的意义。

任继愈先生一生的学术经历和贡献可以从四个方面高度概括：

第一，任先生是中国最著名的中国哲学史家。他以马克思主义的立场、观点为指导，在中国哲学史研究方面做出卓越贡献。任先生曾在北京大学获硕士学位，后在北大执教。我曾是北大哲学系的学生。任先生的《中国哲学史》是北大学生学习中国哲学史的基本教科书。我作为学生，至少读了六遍这本书。我的中国哲学史的入门学习就是依靠任先生的书来进行的。任先生在中国哲学史研究方面走出了一条以马克思主义思想观点来梳理中国哲学史的研究道路。我记得任先生有一句话：不关注人，不关注社会问题的学问是假学问。任先生在中国哲学史的研究上实践了他的治学观点。

第二，任先生奠定了用马克思主义世界观方法论进行宗教研究的基础工作，创立了马克思主义宗教学。任先生说只有以历史唯物主义观点来研究宗教，才能做到比较科学，既不走样，也不迷信，不会轻率地对之加以否定。我觉得这是他研究世界宗教，建立马克思主义宗教观中最为核心的理念。任先生虽然是宗教学者，但是他不信教，他提倡无神论。1956年任先生加入中国共产党，从此他一生和我党的理论事业、和新中国哲学社会科学事业密不可分。

第三，任先生是著名的图书馆学者。其在担任国家图书馆馆长、名誉馆长期间，对中国的图书馆事业做出了重要贡献，特别是在古籍整理、孤本、善本的开发和利用上做出了开拓性的学术研究。

第四，任先生是最著名的、最受学者和年轻人拥戴的哲学社会科学教育家。任先生在中国哲学史、宗教学、历史学、图书馆学等领域都有非常高的造诣，他的为人、他的学问、他的书都对我们后辈起到了非常深的教育作用。我虽然没有接受到任先生的直接指导，但是任先生在马克思主义宗教学领域的研究，在中国哲学史领域的研究，他的学术思想至今都还在影响着我。

今天我参加任先生的追思会，一方面缅怀任先生，另一方面也希望世界宗教研究所能按照任先生所坚持的

正确的立场观点、做学问的宗旨，进一步推进马克思主义宗教学研究和世界宗教研究所的发展。

（王伟光：中国社会科学院常务副院长）

深切怀念任继愈同志

汝 信

　　任继愈同志永远离开了我们。哲人已逝，他的音容笑貌却深深地铭刻在我的记忆里。这些天我常在想，这位杰出的人文学者除了其著作等身的丰硕的学术成果之外，究竟还给我们留下了什么，我们应该向他学习什么？

　　任继愈同志的治学和为人，都堪称我国哲学社会科学界的楷模。他渊博的学识，严谨的学风，平易近人和淡泊名利的高尚品德，赢得了大家对他的钦慕和敬重，学界同仁都习惯于尊称他为任公。我虽无缘直接受诲于任公，但一直把他当做尊敬的老师和前辈。20世纪50年代，我自抗美援朝回国由部队转业到中国科学院，后来投考到哲学研究所贺麟先生门下当研究生攻读西方哲学

史。过去我没有受过哲学专门训练，贺先生要我注意补课打基础，他本人学贯中西，强调研究西方哲学也应具备一定的中国哲学史知识，他要我读的主要参考书之一就是任公主编的多卷本《中国哲学史》。新中国成立前任公曾是贺先生的学生和助手，深受器重，任公的治学态度尤其得到贺先生高度赞扬，要我们以任公为榜样扎扎实实地做学问。60年代，毛主席召见任公，高度评价他对佛教的研究，称之为"凤毛麟角"，并十分强调研究宗教的重要性，当即对任公委以重任，要他负责筹建世界宗教研究所，任公也就调入当时的哲学社会科学部工作。我们这些在学部工作的年轻一代研究人员都认真研读任公的著作，从中获取进行学术研究工作的启示。他的《中国哲学史》和《汉唐佛教思想论集》是我当时自学我国传统哲学知识的主要读物。

我对任公虽然仰慕已久，但与他相识却已经是在"文化大革命"中间去"五七"干校的时候了。在干校，任公的宗教所和我们哲学所属于不同的连队，只是在开会的场合有机会见面。任公在干校里的表现也堪称模范，虽身处逆境，年逾半百，仍以学习认真、劳动积极而屡受表扬。但沉重的体力劳动和营养不良终于损害了他的健康，患严重的视网膜脱落而有失明的危险，不得不回京治疗。林彪阴谋集团被粉碎后，我们干校奉调回京，哲学社会科学部开始有了恢复研究工作的希望。任公接受任务组成写作班子编写《中国哲学史简编》，他指名要调我参加该组，这是完全出乎我的意料的，因为编写组其他成员都是多年从事中国哲学史研究并卓有成就的专家，只有我一人是这领域内的地道的"外行"。他找我谈话说明调我的理由，说他读过我的一些文章，有意要找一个搞西方哲学的参加编写组，这样或许可以开阔视界，跳出过去研究中国哲学史多年形成的窠臼。在编写组内，我是边学边干的新兵，任公要我认真研读老子、韩非，并在交谈中谈了他的一些看法。他对老子的解读与众不同，有许多精辟的见解，发人深思。他对韩非学说也有全面、客观和深刻的评价。当时正值"四人帮"掀起批儒评法的恶浪，形而上学猖獗，借批孔之名指桑骂槐，把法家捧上了天。任公则强调必须用马克思主义观点对韩非思想作具体分析，他对韩非的唯物主义自然观和认识论以及社会进化思想基本上是肯定的，而对其鼓吹封建专制和统治权术的政治思想则主张予以彻底的揭露和批判，并肃清其两千年来对中国政治的危害和流毒。他说，有人套用哲学唯物主义等于政治上进步这个机械的公式去评价哲学史上的人物，这是完全要不得的，还是

要坚持对具体事物进行具体分析才行。最使他深恶痛绝的是"文革"中盛行一时的"影射史学"，他认为这种恶劣的学风不仅败坏史德，也毒化了政治。后来他又要我认真地研究《红楼梦》一书中的哲学思想，他说《红楼梦》这部伟大的小说在中国知识分子中间的影响这么大，研究红学的著作那么多，可是它所传达的哲学思想究竟是什么，今天怎么看并没有搞清楚。他认为将来写中国哲学史应该专写一章讲《红楼梦》。他的这些谈话对我都是极有启发性的，惭愧的是，我没有完成他所交付的任务。本来我打算在任公指导下好好地补课，搞一点中国哲学史研究，但事与愿违，随着"四人帮"的覆灭，哲学所重新恢复研究工作，我又回到了原先西方哲学的研究岗位，不过我在任公直接领导下参加中国哲学史研究的短暂经历却令人难忘，成为我珍贵的回忆。任公留给我的最突出的印象是他的学者风范，朴实无华，平等待人，毫无学术权威的架子。他对后辈热情培养，不拘一格，诲人不倦。在学术上他充分发扬民主，鼓励独立思考，尊重不同意见，在他面前可以无所顾忌，畅所欲言。同时他又有很强的原则性，坚持用马克思主义的立场、观点和方法去研究思想史，努力运用历史唯物主义原理去分析和解释意识形态领域内种种复杂的现象。

任公在中国宗教的研究方面贡献最多，在他逝世后的讣告中称他为"中国马克思主义宗教学的开创者和奠基人"。对于一位学者来说，这是极高的评价，比什么"大师"之类的虚衔要珍贵得多。当时，我国研究宗教的学者不少，他们关于宗教的著作有些颇有学术价值，但是像任公那样自觉地、创造性地运用马克思主义原理去研究中国宗教并取得丰硕成果的，确实是独一无二的"凤毛麟角"。正是在他的主持下，一个以马克思主义作为指导思想、以世界上各主要宗教为对象的世界宗教研究所终于从无到有发展壮大，成为我国最重要的宗教研究机构，并完成了许多重大研究课题，出版了大量高质量的学术著作和学术文献资料。所有这些业绩都是和任公长期锲而不舍开拓宗教研究的努力分不开的，称他为"中国马克思主义宗教学的开创者和奠基人"，是当之无愧的。他个人研究宗教的著作，从20世纪50—60年代的《汉唐佛教思想论集》到后来他主编的鸿篇巨制《中国佛教史》（多卷本），可以称得上是用马克思主义观点研究中国佛教的扛鼎之作。他不是孤立地去研究中国佛教，而是紧密地结合当时具体的历史条件，从社会政治、经济、文化、思想等各方面的实际状况出发，去探讨佛教在中国的传播和发展以及佛教中国化和形成自己的各

个宗派的过程，对这种在特定的社会经济基础上成长而又为基础服务的意识形态形式，进行深刻和具体的分析，从而大大地超越了前人对中国佛教的研究，对中国佛教的形成发展及其社会作用和影响做出了历史唯物主义的科学的阐明。这一学术贡献是值得大书特书的。

任公的学术研究著作的一大特点是以极其丰富的大量第一手资料为依据，言必有据，不说空话。以中国佛教研究来说，他亲自动手参加文献的收集整理，主持典籍浩瀚的《中华大藏经》的编辑出版，在这一浩大工程中倾注了大量精力。他的这种从实际出发、实事求是、严肃认真的治学态度，确实是我国年轻一代科学研究工作者的表率。恩格斯曾告诫一些年轻的马克思主义者说："如果不把唯物主义方法当作研究历史的指南，而是把它当作现成的公式，按照它来剪裁各种历史事实，那它就会转变为自己的对立物"，他批评有人把唯物史观当作标签，以为只要把它贴到这种事物上去，问题就解决了。他谆谆教导青年们说："即使只是在一个单独的历史实例上发展唯物主义的观点，也是一项要求多年冷静钻研的科学工作，因为很明显，在这里只说空话是无济于事的，只有靠大量的、批判地审查过的、充分地掌握了的历史资料，才能解决这样的任务。"我以为任公是真正做到了恩格斯提出的要求的。

特别值得称道的是，任公作为对宗教有精深研究的大学者，同时也是科学无神论的热情的宣传者。他认为，一个真正的马克思主义者，不仅应该是彻底的唯物主义者，而且也必然是无所畏惧的无神论者。正因为他对宗教的本质和社会作用有深刻的理解，更增强了他对科学无神论的坚定信念。长期以来，他不遗余力地推动无神论的研究和宣传，1979年他创建中国无神论学会并一直担任理事长主持学会的工作。他克服种种困难，创办了我国唯一的以宣传无神论为宗旨的杂志《科学与无神论》。针对目前现实的思想状况，他竭力主张加强无神论教育。他曾这样写道："科学无神论，是社会科学、自然科学天然的结合点。为什么有人迷信鬼神？因为人们对某些现象（社会的、自然的）不理解，无能为力，对自己失去信心，才去找外人帮助。科学无神论的基本内容，就是要告诉人们，鬼神是不存在的，人类要相信自己的力量可以有所作为。就像《国际歌》中说的，创造人类的幸福，要靠自己的力量，而不是靠神仙皇帝。"他就是这样深入浅出地说明了科学无神论和马克思主义世界观的必然的内在联系。有一次任公和我谈及宗教问题，他说我们学术界有一种不好的风气，就是本人研究什么就

有意加以抬高和吹捧，研究宗教就把宗教吹得天花乱坠，甚至成为宗教信徒。这是最要不得的，因为这样就不可能真正客观地、科学地去评价研究对象，更谈不上用马克思主义观点去进行剖析了。我一直牢记他的教诲，去年（2008）我出版了一本关于宗教哲学家克尔凯郭尔的论文集，在"前言"中说，"我所尊敬的一位研究宗教的学界前辈曾经告诫说，要把宗教当作科学研究的对象，而绝不要因此成为信仰宗教的信徒"，这里说的那位学界前辈就是我所敬仰的任公。我认为，他指明了一个科学研究工作者对宗教应抱的正确态度，这也是他留给我们的珍贵的思想。

纪念中国宗教学体系的
开创者任继愈先生

卓新平

　　著名学者、我的恩师任继愈先生与世长辞，心中感到悲痛万分、哀伤无限。任先生的逝世是中国学术界的重大损失，在中国哲学史和中国宗教学研究领域甚至象征着一个时代的结束。回想自己步入宗教学研究三十多年的历程，任先生的引领提携、耳提面命、那慈父般的音容笑貌又浮现在眼前，凝成了永恒的记忆。

　　1972年，我因有人退学而得以补空进入"大学"，成了一名比同班同学们晚入校好几个月的、名不符实的"工农兵大学生"。由于获得了"迟来的幸运"，我努力地赶、拼命地补，结果成了学校"白专"嫌疑。在各种

警告和暗示下，我不敢再专攻当时自己学习的英语专业，但挡不住的求知饥渴和欲望使我转而广泛涉猎马恩列斯著作和文史哲知识。这样，我首次接触到任先生主编的《中国哲学史简编》（1973），并知道了任先生领导的中国科学院世界宗教研究所这样一个具有"神秘意义"的单位。

　　我"大学"毕业后的留校成为"留乡"，在农村经历了三年半无法读书的时光，后于1977年底回到学校，并被送到省会高校进修。进修期间目睹了人们"文革"后第一次参加高考那激动人心的场景，失去"高考"资格的我也再次充满学习"深造"的渴望。1978年考研究生的消息传来，让我无比兴奋，在同学的鼓励下我克服重重困难报考了世界宗教研究所的第一届硕士研究生，并于1978年夏第一次走出家乡、走出湖南来到了北京参加复试，非常高兴地见到了任先生。当成为刚组建的中国社会科学院第一批硕士研究生后，我亦成为被称为"黄埔一期"的这届研究生在世界宗教研究系中最年轻的一名学生。在读研究生期间，我虽然不属任先生直接指导的中国哲学史、佛教和道教研究专业，却仍有机会参加先生教授的古汉语课、中国哲学史课以及宗教研究的方法论等课程。这样，我认真阅读了任先生所著的《汉唐佛教思想论集》，以及主编的四卷本《中国哲学史》，知道了任先生在 1963 年就得到毛泽东主席"凤毛麟角"的赞誉，并在毛主席亲自批示下于 1964 年组建世界宗教研究所的故事。世界宗教研究所的创建，标志着中国宗教学作为一个学科体系的诞生，由此使中国宗教学由个人、零散的研究进入到集体、系统或建制性研究创立和发展的时代。而且，在任先生著作后记中所引用的马克思在《黑格尔法哲学批判》中所说的三句话，也成为我们所认识的用马克思主义指导宗教研究的"三把钥匙"。此外，我们还系统学习了任先生主持编辑的《马克思、恩格斯、列宁、斯大林论宗教》，坚定了以马克思主义为指导研究世界宗教的信心。

作为世界宗教研究所的第一届研究生中最为年轻的学生，我受到了任先生等研究所导师们的特别关心和培养，毕业后不仅被留所工作，不久还被派往德国攻读博士学位，成为我国自改革开放以来在宗教研究领域第一个在国外获得博士学位的大陆留学生。任先生在领导世界宗教研究所的发展中提出了"积累资料，培养人才"的重要方针。为此任先生不仅派我们年轻学者出国深造，而且在全国各地发现人才、吸纳学术骨干力量，并从国外引入了像徐梵澄先生这样大师级的学者来所工作。在

学术资料建设上，任先生主编了当代中国第一部《宗教词典》、《道藏提要》和影响深远的《中华大藏经（汉文部分）》等典籍，对中国宗教学体系的构建及发展有着筚路蓝缕的开创之功。

宗教学是一门跨学科的研究，为此，任先生强调比较研究方法和知识面的广博，鼓励我们有更多的拓展、更扎实的根基。在这一方面，任先生身体力行，不仅主持了《中国哲学史》、《中国佛教史》、《中国道教史》等重大课题的研究，推出了多卷本成果，而且还创办《世界宗教研究》和《世界宗教资料》等学术期刊，主编宗教学大型工具书《宗教大辞典》。在学术资料整理及研究的更大视域中，任先生进而主持了《中华大典》、《中华大藏经（汉文部分）·续编》、《国家图书馆藏敦煌遗书》、《中国历史文化丛书》、《二十四史》重新校订等重大学术文化工程。任先生渊博的学识和精深的研究，当之无愧为当代百科全书般的学术大师。

为了中国宗教学科的系统发展，任先生于 1979 年在昆明主持召开了全国宗教学研究规划会议，成立了中国宗教学学会并担任首任会长。今年（2009）是中国宗教学会成立三十周年纪念，其成长壮大，离不开任先生的特别关心和大力推动。

在学术研究上，任先生有敏锐的学术眼光和独到的思想见解。他提出的"儒教是教"说的理论体系和学术观点，引起了当代中国学界巨大反响，深化了对中国传统思想文化之"宗教性"的研究。任先生的《汉唐佛教思想论集》奠定了中国宗教学术界用马克思主义基本立场、观点和方法研究宗教的重要方法论基础。任先生主编的《中国哲学史》整整影响了中国当今一代学人。而任先生主编的《宗教词典》更是为中国宗教学的发展奠定了资料基础、提供了基本研究视域。在担任国家图书馆馆长之后，任先生仍继续关注、支持宗教学及相关领域的研究和发展，不仅作为我们所名誉所长一如既往地关心我所学科建设和全国宗教学的发展，而且还继续担任中国无神论学会理事长，并创办了《科学与无神论》杂志。

任先生一生谦虚谨慎、生活俭朴，极为低调，对年轻学者则全力帮助和提携。任先生饮水的一个玻璃水杯一用就是数十年，我们前不久去医院探访时发现任先生还在使用这一水杯。2006年是任先生九十周年华诞，但他坚决反对搞任何祝寿活动，在这一年我所与国际儒联一起组织的学术研讨会上，我们也只能是间接地表达了对任先生的敬意。而在关心年轻学者的成长上，任先生

则不遗余力、积极推荐、大胆任用。在编辑《宗教大辞典》时，任先生鼓励我和另一位年轻学者一起参加撰写"绪论"，并在先生名字旁署上了我们的名字。在这十多年来，任先生一直鼓励我努力做好世界宗教研究所所长工作，并推荐我接替先生担任国家社会科学基金宗教学科规划评审组召集人。每当我工作中遇到困难，任先生都表示了对我的支持、建议和帮助。

2008 年春节，我去拜访任先生时发现先生仍在节日中从事研究写作，先生对我说还想笔耕五年，完成其宏大的学术工程。今年（2009）春节我再探望任先生时，已在病中的先生仍念念不忘自己手头的研究计划和工作。任先生这种"鞠躬尽瘁，死而后已"的工作精神和人生境界，让我们这些学界晚辈感到震撼，受到激励。我们会继续努力，将任先生开创的中国宗教学体系建设这一伟业继续往前推进，我们坚信这位学术巨人会引领出当今中国宗教学界的群英、完成春华秋实之连接或继承，从而迎来中国宗教学独立发展、体制创新、硕果累累的时代。

追念任继愈先生

牟钟鉴

任先生去世后，国家图书馆举行追思活动，我讲了话。在学友们回忆和谈论的引导下，又有许多往事在我心中清晰起来。我想，作为任先生的一个老学生，最好的纪念方式之一就是把自己亲身经历的与任先生相关的事情和感受说出来，使追念能够对历史增加一些真实的细节。

一 关于中国哲学史研究

我于1962年同金春峰一起由北大哲学系本科毕业考

取了中国哲学史方向研究生。冯友兰先生和朱伯崑先生共同指导我们的学习，任先生具体负责对我日常指导和论文写作。那几年任先生恰好主编《中国哲学史》四卷本，住在中央党校，那里集中了北京大学、中国人民大学、中国科学院哲学所一批老中青学者。任先生受教育部委托，负责组织编写新中国成立后第一部马克思主义指导下的中国哲学史教材，任务之重可想而知，而当时他不过四十多岁。就在这种情况下，他仍然隔三差五约我在他家里作专业辅导。他的特点，一是不主动讲，要我提问题，他来回答；二是不谈细琐的问题，重点是讲治学的方法。给我印象最深的有两条：一条强调运用马克思主义立场、观点和方法分析中国哲学发展的特点，说这个问题还没有解决；另一条强调资料与观点并重，说这是北大的好传统，要继承和发扬。

《中国哲学史》第一、二、三卷编写于 1961 年至 1964 年，第四卷编写于 1973 年。它代表了"文革"以前学界研究中国哲学史的最高水平，是学者集体努力的成果。任先生作为主编发挥了重要作用，亲自写稿子，改稿子，撰写绪论，完成统稿，倾注了大量心血。虽然当时学界的马克思主义水平有限，又受了苏联日丹诺夫教条的影响，过度强调唯物与唯心的斗争，过分强调阶级分析方法,《中国哲学史》四卷本当然有它的局限性。但历史地看,它毕竟系统地论述了中国哲学史的人物、学派和思想,而且作为当时唯一通行的教材,在大学教育中发挥了传布中华文化的作用,影响是很大的。

改革开放以后,任先生不满足以往的成绩,在世界宗教研究所组织了两个写作班子,着手写学术史性质的《中国哲学发展史》和《中国佛教史》,任先生任主编。孔繁、余敦康和我参加了《中国哲学发展史》写作组,并成为前三卷主要撰稿人。还有周继旨、闫韬、钟肇鹏、韩敬、李申、郭熹微、陈克明、李明友、张跃、赖永海也参加了写作。任先生在该书导言中指出,"我们对已出版的教科书不能满意",要写出"比二十年前出版的四卷本教科书更详尽的哲学史专著来"。要"对中国哲学史的发展作一次严肃认真的探索"。探索确实是认真的,写作组全面收集和详细占有第一手资料,重新梳理中国哲学发展脉络,从历史实际出发,总结中华民族理论思维的过程和经验。前人空缺的,填补进来;前人简略的,充实起来;前人误解的,纠正过来。写作组成员把80年代大部分时间用在了这套书上。我自己觉得最辛苦的是写后期墨家,参考十几种著作(如毕沅《墨子注》、张惠言《墨子经说解》、孙诒让《墨子闲诂》、俞樾《墨子平

议》、梁启超《墨经校释》、邓高镜《墨经新释》、伍非百《墨辩解故》、吴毓江《墨子校注》、谭戒甫《墨辩发微》、杨宽《墨经哲学》、沈有鼎《墨经的逻辑学》等），对《墨经》一条一条解读，费尽了气力，最后看懂了的也不过只有十之六七，因此我对高亨《墨经校诠》能把墨经六篇的每一条都作解释，佩服至极。工夫不负有心人，《中国哲学发展史》前四卷使中国哲学史的面貌焕然一新了。例如：探讨哲学史前史，写了中国原始社会思维的发展；补写了殷周之际宗教思想的变革和孔孟之间的儒家传承；新写了《吕氏春秋》与《淮南子》；依据考古资料，撰写了汉初黄老学派；而纬书综述和汉代自然科学与哲学的关系以及魏晋南北朝儒释道三教的斗争与融合，都是全新的内容；写隋唐卷，则完全打破历史前后顺序，分为儒教编、佛教编、道教编、会通编，不仅结构上与旧哲学史迥异，而且内容上也新意迭出。前四卷出版后，学界反映良好，认为是中国哲学史研究的一次突破。我亲自听到日本学者和台湾学者对此书的赞赏，给予了较高的评价。在写作中，任先生是比较放手的，让我们自己去充分发挥。同时在指导思想上也给我们提供了若干新的理念：一是在先秦哲学阶段，重视地区性文化差异，概括出邹鲁文化、荆楚文化、三晋文化、燕齐文化四种文化类型；二是魏晋以后，重视儒、佛、道三教的斗争与融合，抓住了中国哲学的核心脉络；三是从汉代中后期起，重视佛教、道教的哲学，分给我的任务是写道教的产生与发展，从此我进入中国宗教史的领域，对尔后的学术生涯产生了重要影响。任先生要我在四卷中写的篇章，差不多都是旧哲学史所忽略的专题，更是自己生疏的领域，不得不拓荒寻路，从头做起，当然很艰辛，却也能够品尝到创造的乐趣。虽然后来由于自己不能接受"理学是宗教"、"宗教是消极的"的看法，写到第四卷以后离开了写作组，但是我仍然感谢任先生吸收我参加《中国哲学发展史》的写作，它使我在学术研究起步阶段得到较为严格的训练，为以后的研究，在治学眼界、能力和方法上，打下良好的基础。

二　关于世界宗教研究所的创建和发展

我在北京大学研究生学习期间，就得知毛主席赞赏任先生写的论佛学的文章（见任继愈著《汉唐佛教思想论集》），并约谈过任先生。1963 年 12 月毛主席作了著名的关于宗教研究的批示。大意是：世界三大宗教至今

影响着广大人口，我们却没有知识，国内没有一个马克思主义者领导的研究机构，任继愈用历史唯物主义写的论佛学的文章有如凤毛麟角，不批判神学就不能写好哲学史，也不能写好文学史或世界史。毛泽东向理论界提出了研究宗教的任务，这是新中国的第一次。以毛泽东当时的崇高威望，立即启动了筹建世界宗教研究所的程序。1964 年，世界宗教研究所筹备处成立，它以北大哲学系东方哲学教研室为班底，从外面调集若干骨干人士，从当年毕业的哲学系、历史系、外语系本科生中选录一些青年学子，组成研究所最初的研究群体。研究所开始时设在北大，陆平校长兼所长，任先生是副所长，是实际负责人。不久，研究所划归中国科学院哲学社会科学部，并在西颐宾馆租用了房子。这期间我还在读研究生，经常去西颐宾馆找师友如黄心川、金宜久、戴康生等聊天，还在所里听过国家宗教局肖贤法局长的讲座，但从未想到来宗教所工作，因为当时兴趣在中国哲学不在宗教学，而任先生也从未提及我毕业后可以到宗教所。

1966 年 4 月，"文革"风暴前夕，我与高宣扬、李冀诚一起到世界宗教研究所报到，开始了新的生活。我来宗教所工作与任先生当然有关，可是他在我面前没有谈过，也没有告诉我来所后研究什么专题。我的推想，一是他平时话语不多，已是习惯；二是还没有做出安排。其时宗教所有三十余人，是哲学社会科学部最小的研究所。所领导有五人核心：任继愈、阎铁、赵复三、郭朋、黄心川。接着"文革"来临，一切都打乱了。再接着下到河南干校。1972 年回到北京，依然不能开展工作。1976 年"四人帮"倒台，"文革"结束。1978 年中国社会科学院成立，任先生成为世界宗教研究所所长，开始了他真正发挥建所作用的时期。

　　任先生对世界宗教研究所的创建与发展做出了巨大的贡献。仅就我所知所感谈几点。第一，确立研究所的基本任务是"积累资料，培养人才"，为研究所的长远发展打下坚实基础。为此，在他主持下，筹建了所图书资料室，在接收燕京协和神学院图书的基础上，大量搜集、购买宗教类书籍，订阅不断新出的宗教类杂志，遂形成外文资料丰富、新老图书齐全的颇具规模的宗教研究资料库，在当时国内独此一家，而且实行开放式管理，研究人员可以进书库自由翻阅选借图书。这项工作有力地推动了宗教研究的开展。可惜的是，几经变动，现在的研究人员再也不能像当年那样自由地与图书资料亲近了。为了培养人才，任先生给青年人分配科研任务，开始时重点在五大宗教史的研究，通过科研培训人才，同时要

研究人员做田野调查，接触宗教的实际，取得感性的经验。第二，加强马克思主义宗教理论研究。我与吕大吉、谢雨春、雷镇闾等，在"文革"结束前就着手选编《马克思、恩格斯、列宁、斯大林论宗教》，其中吕大吉出力最多。该书于1978年由中国社会科学出版社出版。任先生支持这项工作，强调宗教研究必须以马克思主义为指导。我记得他在所里传达过毛泽东与他谈话的部分内容。其中有这样的话，大意是：研究宗教非外行不行，宗教徒对宗教有了信仰，就拜倒在宗教脚下，不能对宗教作客观的分析。我的理解是：只有跳出宗教，才能研究宗教，信仰主义无法以理性的态度看待宗教。第三，多方调集人才，壮大研究所的实力。任先生用各种方式收拢人才，五湖四海，不拘一格。陆续来所人员中，有老北大的，有人民大学的，有中央民族学院的，有外交部的，有民族所和民族出版社的，有国家宗教局的，有团中央的，各尽所能，合作共事，使世界宗教研究所成为一个有共同事业的友爱大家庭，最多时达到170多人。民族所的王森教授和中央民族学院的王尧教授是世界宗教研究所最早的兼职研究员。在任先生支持下，在卿希泰先生直接操办下，世界宗教研究所在四川设立了联络站，后来发展成独立的四川大学宗教研究所，在西南地区发挥了重要作用。他为了调进骨干人才如孔繁、杜继文、余敦康、马西沙、徐梵澄、高望之、唐逸等人，花费了很多的心思。第四，健全研究机构，增设分支学科。"文革"前只有基督教研究室、佛教研究室、伊斯兰教研究室。改革开放以后，在任先生领导下，陆续增设了道教和中国民间宗教研究室、宗教学理论研究室、儒教研究室、当代宗教研究室、宗教文化艺术研究室、世界宗教研究编辑部等分支机构，是全国宗教研究机构中宗教学学科门类最齐全的研究所，在宗教研究学术界起了带领的作用。

如今，40多年过去了，世界宗教研究所换了几任所长，先后由杜继文、孔繁、吴云贵、卓新平接任，任先生为名誉所长。这期间，世界宗教研究所涌现出一批一流学者，也不断地给许多大学和研究机构输送优秀人才，向社会推出许多重要研究成果，在若干分支学科保持着领先地位，为国家宗教事务管理提供有力的理论咨询，为我国宗教的健康发展提供理性的思考，为全社会正确认识和对待宗教提供必要的知识，为我国文、史、哲的繁荣注入宗教学的营养，也为我国对外学术交流和文明对话做了大量的工作，在国内外形成巨大的影响力。与此同时，各种宗教研究机构纷纷建立，数量增长很快，

已经遍布全国。从源头上说都是以当初唯一的世界宗教研究所为起点发展起来的。这样一种速度和景象，在中国大陆以外的地区和国家是看不到的。至今在社会科学系统众多宗教研究机构中，世界宗教研究所仍然起着排头兵的作用。可以说，任先生完成了毛泽东交下来的建立马克思主义指导下的宗教研究机构和开展世界三大宗教研究的任务，还扩大了研究的范围。当然，世界宗教研究所的成绩是众多老中青学者和管理干部共同努力取得的，不能把功劳归为个人，不过任先生作为所长的独特贡献也要予以充分肯定。任先生对世界宗教研究所情有独钟，他离开社科院去国家图书馆当馆长以后，差不多每周都到所里坐一坐，聊聊天，依依不舍。人换了岗位，心始终没有离开，因为这里是他用心最勤、最有成就感也最熟悉的地方。

三 关于中国宗教学的兴起与发展

我认为毛泽东1963年的批示是中国大陆宗教学诞生的起点，而改革开放后于1979年召开的全国宗教学研究规划会议则是中国宗教学兴起的标志，距今恰好30年。

1977 年中国社会科学院成立。在改革开放的大好形势下，社会科学各学科的学术研究全面启动，其重要标志便是由中国社会科学院牵头、各研究所具体负责分头举办全国性的各学科研究规划会议。由世界宗教研究所操办的全国宗教学研究规划会议于 1979 年 2 月在昆明举行。任先生是会议主持人和主题发言人。同时邀请了学界、宗教界知名人士以及宗教管理干部和一批中青年学者参会，人数多达 130 余人，第一次实现了政、教、学三界的团结。老一辈人士有：任继愈、丁光训、季羡林、蔡尚思、罗竹风、陈国符、陈泽民、马学良、郭朋等人。当时处在壮年的学者有：罗冠宗、韩文藻、王尧、卿希泰、赵复三、肖志恬、黄心川等人。当时处在中青年的学者有：吕大吉、金宜久、戴康生、李富华、牟钟鉴等人。任先生交给吕大吉和我的任务是作会议记录和简报，至今仍保留着当时作记录的照片。会上发言虽然观点有分歧，但理性的态度占主导。这次会议部署了宗教学研究工作，成立了中国宗教学会，任先生任会长，并决定由世界宗教研究所创办《世界宗教研究》杂志。

在此后一段时间，任先生依托世界宗教研究所的科研队伍，又吸收所外学者，主持了几项大型学术工程，皆有成果出版。如主编《道藏提要》、《宗教词典》（后

来扩充为《宗教大辞典》）、《中国哲学发展史》多卷本、《中国佛教史》多卷本、《中国道教史》、《中华大藏经（汉文部分）》。他还受国家教委的委托，总主编了一套高校文科宗教学教材，有《佛教史》、《基督教史》、《伊斯兰教史》。这些成果有力地推动了中国宗教学的发展。其中《道藏提要》是世界首创，在国外产生很大影响。《中国道教史》（我是作者之一）被日本道教学者蜂屋邦夫誉为近期中国最好的道教史著作。《中华大藏经》虽然未来得及作标点，但收入了《赵城金藏》等珍贵文献，对于保存佛教文化遗产是有贡献的。吕大吉主编的《宗教学通论》，创造性地运用马克思主义宗教理论，吸收西方宗教学成果，结合中国实际，建立起我国第一个宗教学理论体系，被罗竹风前辈誉为中国宗教学研究中具有里程碑性质的著作，又赞为扛鼎之作。而这项工作是在任先生支持鼓励下进行并完成的，这在本书"著者前言"中有明确表述。

20 世纪 70 年代末 80 年代初，北方和南方的学者有一场关于"宗教是人民的鸦片"的讨论。以任先生为代表的北方几位学者坚守鸦片论基本观点，但有新的解释；南方几位学者认为鸦片论不是马克思主义宗教理论主要之点，也不能说明社会主义时期宗教的本质。这场讨论被学界幽默地称为"第三次南北鸦片战争"，其实并没有强烈的火药味，而是一次和风细雨的理论讨论。我虽然没有参与，却从讨论中得到教益，促使自己对基本理论作深入思考。

四　关于培养研究生和在大学推动宗教学教育

1978年中国社会科学院创办研究生院，成立世界宗教学系，开始招收宗教学研究生。由于"文革"积压了一大批人才，考生质量好的颇多。任先生很重视招收工作，要我们这些参加招考的人严格把关。宗教学研究生第一批有22名，往后每届人数减少，但多年积累下来，数量也相当可观。他们学习的专业有五大宗教、原理研究和中国哲学史，毕业后大都成为中国宗教学研究骨干，在繁荣人文社会科学事业中发挥了重要作用。由于当时我们这些中青年学者缺少学术成就和资历，不能独立指导研究生学习，大部分研究生最初都挂在任先生名下，后来才陆续由年轻学者分担。任先生带研究生有两种方式：一是亲自指导，当面授课；二是聘用助手，分工辅

导。任先生交给我的任务是给全体研究生讲授古代汉语。我的理解是：这门课体现任先生重视文献资料和基础训练的教学思想，要求同学突破文言文和繁体字两关，能直接面对文化原典。然而在这方面我也缺少训练，只好抓紧补课，边学边教。于是细读王力的《古代汉语》，又找来清代至民国学者关于文字训诂、文献考据的著作，日夜研读。就在那几年，我走近了段玉裁、王念孙、王引之、阮元、俞樾、皮锡瑞、孙诒让、章太炎、黄侃、吴承仕等大学问家，还查阅过《尔雅》、《说文解字》、《太平御览》、《册府元龟》、《十三经注疏》、《经传释词》、《辞通》、《康熙字典》、《中国丛书综录》等书，对于中国的训诂之学、文献之学始略知一二。我的教学方法是：一、讲一些文字训诂和文史哲工具书的知识；二、出一段没有标点、未经译白的古文，让同学标点、今译，而且要一句对一句，然后我根据作业中的问题加以讲解。我不知道历届研究生在这门课中有多大收获，但我却深知自己从中受益匪浅，由此掌握古文献资料的能力提高了，这应该感谢任先生给我压担子，使我从中得到锻炼。任先生在80年代还招收了一名斯洛文尼亚（属前南斯拉夫）的外国女研究生玛亚，委托我具体指导她学习中国哲学史。玛亚毕业回国后从事中国哲学教学。当再一次在北京见面时，她已经是大学教授了，而且成为该国研究中国哲学仅有的几位专家之一。最近听说她在卢布尔亚那大学教书，很怀念在北京学习那段日子。

20世纪80年代，在任先生主导下，北京大学哲学系设置了我国高校第一个宗教学专业，由世界宗教研究所的学者承担主要教学任务，我也去讲过课。后来北大宗教学专业成长壮大，独立发展，已经升格为宗教学系。全国各地著名大学也相继增设了宗教学专业或宗教学系，如今已形成颇具规模的宗教学教育体系，有了硕士点和博士点，为国家的宗教事务管理、宗教学教学与研究、外事工作以及其他的相关事业，不断输送经过宗教学专业训练的青年人才。宗教学教育从启动到壮大，任先生推动北大设置宗教学专业，起了首创的作用。

五　几句要说明的话

以上是我接触到的回忆起来的四个方面的若干情况，可以作为诸多回忆纪念文章的一点补充。1987年底我离开了世界宗教研究所，来到中央民族大学工作，自那以后，所里的事情就了解不多了。最后，要说明一下，在

某些理论观点上，任先生与一些学者、学生（包括我在内）之间，存在着不同的意见。我不隐晦自己的观点，任先生也从来不因此而指斥我们，因为这是正常现象。例如，鸦片论是不是马克思主义宗教观的核心问题，马克思主义无神论应该如何表述和宣传的问题，儒学是否是宗教以及是否阻碍了中国现代化的问题，都是有争议的，我持有自己独立的见解。这些问题关系到如何准确把握马克思主义宗教理论的精髓和使之中国化的问题，关系到宗教研究如何有益于推动科学发展、促进社会和谐与保护宗教信仰自由的问题，关系到继承和弘扬以儒学为主干的中华文化，以便增强民族凝聚力的问题，都需要认真加以研讨，更需要通过社会实践加以检验，使真理越辩越明。我的文化观在20世纪80年代前期有一个质的飞跃，从文化激进主义转变成文化改良主义，从战斗无神论走向了温和无神论，自认为有了一种民族文化的自觉。我在一篇文章中曾说到，我研究宗教的态度深受汤用彤先生的影响，尤其汤老说的"同情之默应"、"心性之体会"十个字，我是服膺的。而汤老是任先生的老师，对于我来说，这也算是学术的隔代遗传吧。研究宗教需要理性，信仰主义固然不可取，反宗教的态度也应该避免。在宗教与社会主义的关系上，我们的理论必须有益于两者的和谐而不是紧张。我的主要观点在《儒学价值的新探索》、《走近中国精神》、《探索宗教》、《民族宗教学导论》等书中都有系统阐述。在真理面前人人平等，我们并不以师为真理，而要以真理为师，而真理往往在百家争鸣之中呈现。兼收并蓄是北大的一个好传统，张岱年先生概括为"兼和"，我也以这样的理念要求自己的学生。

任先生给我写过一副对联，上联是："每从端坐绝倾欹"，下联是："好自开怀纳空虚"。是提醒、点化？还是期望、激励？其中深意我只有慢慢加以领悟和品味。无论如何，我在任先生身边生活过几十年，它组成了我的文化生命的一部分，其中充满了曲折和跨越、反思和探索，折射出时代的急剧变化，因而也成为我珍贵的精神财富，这段历史是值得不断回忆的。

2009 年 7 月 22 日

回忆任继愈先生在宗教所的几件事

杨曾文

尊敬的任继愈先生已经永远地离开我们了。然而回想与他生前一起相处的日子，有许多事情一直难以忘怀，经常萦绕在心头，似乎就发生在昨日。

严格说来，我并非任先生门下的学生。然而难得的人生缘分把我拉到了任先生身边，使我有机会在一生精力最充沛的岁月，在他的亲切指导下做了一些有意义的事。

我在 1964 年 9 月从北京大学历史系毕业后被分配到正在筹备建立之中的世界宗教研究所。因为我一来所就被分配到佛教组（开始就我一个人），研究方向便被确定，所以与研究所筹备组负责人、在中国哲学史和佛教研究方面取得卓越成绩的任继愈先生接触就多一些，经常得到他的亲切教诲。从 1964 年冬到 1965 年秋，世界宗教研究所的全体成员与北京大学历史系的部分学生编队到北京近郊参加"社会主义教育运动"。其间，我在工作队队部（办公室）担任通讯、文书一类的工作，任先生是领导人之一，在工作和为人处世等方面又经常得到他的教导；此后"文革"一块下放"干校"，也经常得到他的关照和教导。这样，在国家实行改革开放，世界宗教研究所正式成立并恢复研究之时，任先生点名让我参加他主持的《中国佛教史》编写组，就是很自然的了。

关于我在任先生指导下参与编写《中国佛教史》的事情，已经在《在学习中研究，在研究中写书——参加任继愈教授主编的〈中国佛教史〉编写组的几点回忆》①一文中讲过了，这里不再重复，仅想根据回忆写以下三件事，以作为对尊敬的任先生的缅怀。

----

① 该文发表于 2007 年 3 月 20 日《中国社会科学院院报》第 7 版《社科院 30 年》及《辉煌三十年——纪念中国社会科学院建院三十周年离退休干部诗文集》。

一　指导日本年轻访问学者

中国实行改革开放以后，先后有几位研究佛教、道教的日本年轻学者到世界宗教研究所研修，并利用在北京的机会与中国学者交流和查阅图书资料。世界宗教研究所最早担任指导的都是身兼所长的任继愈教授。因为我多少懂得一点日语，任先生便把与他们之间的联系及照顾他们日常学习生活的事情交给我做。当时中国社会科学院物质条件很差，没有接待他们的宿舍。任先生便通过他与北京大学哲学系多年形成的密切关系，把他们安排住在北京大学的招待处（后在勺园）。这些日本的年轻学者，也利用北京大学有利的学术资源条件，在北京大学哲学系学习和研究。我记得早期来世界宗教研究所研修的日本年轻学者有中条道昭、砂山稔，后来还有丘山新、麦谷邦夫等人。这些学者虽然年轻，然而学术基础较好，有的在来中国之前已经取得相当可观的研究成绩了。

在中外关系中，中国与日本的关系十分重要。发展中日两国民间友好交流，增进两国人民之间的理解和友谊，建立两国世代睦邻友好的关系，不仅是党和政府一直十分重视的问题，也是广大学者和普通民众的愿望和关注的大事。在我接触任先生的过程中，看到他以真诚的态度对待和爱护来访的日本学者，除关心他们的学习和研究之外，经常问他们有何困难需要帮助解决。在世界宗教研究所有重大学术活动时，便请他们参加；在他们刚到北京或结束研修回国的时候，在碰到中国年节喜庆的日子，要出面宴请招待他们。他们尊敬任先生，与任先生建立了深厚的友谊，也与热情接待他们的世界宗教研究所很多学者和行政人员建立了友好的感情。

正因为如此，这些来北京研修的学者归国之后，仍然与任先生和世界宗教研究所保持着密切联系，在任先生到日本访问或世界宗教研究所的学者到日本访问和研修时，经常得到他们热情的关照和帮助。任先生主编，我和杜继文参加编写的《中国佛教史》前三卷，就是由他们与他们的朋友共同翻译，并交付日本柏书房出版社出版的。

种花得花，种豆得豆。中日两国世代友好的大树，要靠两国亿万人民的共同浇灌和维护才能茁壮成长，开花结果。

二　任先生和中日佛教学术会议

随着中国改革开放政策的实施，中外文化交流也得到日新月异的发展。从 1980 年以后，到中国社会科学院访问的学者日益增多，其中也有多位佛教学者特地访问世界宗教研究所。当时我任佛教研究室主任，任先生便把出面联系和接待日本佛教道教学者的任务交给我去做。记得先后来世界宗教研究所访问的日本学者有佐佐木教悟、牧田谛亮、镰田茂雄、蜂屋邦夫、福永光司、安居香山、吉川忠夫等人。在这些日本学者当中，镰田茂雄教授为促成以后在两国隔年举行的中日佛教学术会议做出了突出贡献。

镰田茂雄当时是东京大学东洋文化研究所的教授，退休后先后到爱知学院大学和国际佛教学大学院大学任教。他在 1983 年、1984 年连续两年访问中国，皆由中国社会科学院邀请，在世界宗教研究所作过演讲。每次来北京，任继愈先生不管多忙，也要接见宴请，并出席他的演讲会。镰田茂雄得知任先生主编的《中国佛教史》计划写 8 卷，与他正在撰写的《中国佛教史》也是 8 卷一致，并且通过我又了解到我们要将佛教历史置于中国社会历史环境中考察研究，与他的观点方法一致，于是对任先生和我感到特别亲近，关系融洽。

1984年秋，镰田教授再次访问北京。在我们彼此交谈中，认真地探讨了今后两国联合召开佛教学术会议的可能性。他在回国后不久来信告诉我，日本中外日报社社长本间昭之助先生是他的朋友，对举办两国佛教学术会议表示全力支持。翌年春，镰田教授通知我，中外日报社为纪念创刊90周年决定与中国社会科学院世界宗教研究所在京都联合举办两国佛教学术会议。我当时立即汇报所长任先生，经过报请上级部门批准，正式回复同意联合举办两国佛教学术会议。从此，每两年一次在中日两国轮流举行由两国学者参加的佛教学术会议。

在这期间，任先生虽在1987年调任国家图书馆馆长，然而仍然关心并参加中日佛教学术会议，继担任1985年、1987年第一、二次两国佛教学术会议的中方代表团团长之后，1997年应邀请以81岁的高龄参加在日本京都举行的第七次佛教学术会议并担任中方代表团团长。我是每次会议的中方代表团的秘书长，在筹备会议和举行会议期间有事总是找任先生商量，他也总是给以热心指导和支持，并在会议上致辞。任先生的论文稿、会议

致辞皆自己准备，从不假手于人，表现出他一生勤奋认真的风格。

　　鎌田茂雄教授在 2001 年 5 月不幸逝世，于 1999 年、2001 年和 2003 年举行的三次两国佛教学术会议，在日本中外日报社和鎌田茂雄生前特地委托的年轻学者、东京大学末木文美士教授、创价大学菅野博史教授的大力支持下得以圆满举行。每当在北京举行会议的时候，我都请任先生参加并为会议开幕式致辞，任先生不顾年老体衰和事情繁多，总是按时出席会议并热情致辞。

　　此后，因为人事变动和经费等原因，由中国社会科学院世界宗教研究所和日本中外日报社 18 年来隔年轮流举办中日佛教学术会议不得不画上句号，然而通过两国会议在中日佛教学界和人民之间所产生的巨大的良好的影响却是永存的。从 1985 年两国首次会议至 2003 年第十次会议，共有中日两国著名学者 100 多人次出席会议并发表论文。在两国举行会议的时候，都有来自各地的学者热情出席会议并积极参与学术交流，在两国学术界和人民之间产生了良好的影响。世界宗教研究所的《世界宗教研究》和《中外日报》刊登了历次会议的论文，由中国社会科学出版社出版的世界宗教研究所佛教研究室编的《中日佛教研究》、杨曾文、鎌田茂雄编的《中日

佛教学术论文集》分别集中刊载了前两次和前六次会议
发表的论文。中日佛教学术会议为两国学者创造了互相
建立友谊的场所和机会，拓宽了两国学者之间友好交流
的渠道，促进了两国学者互访、研修和派遣留学生。在
这个漫长过程中，作为世界宗教研究所所长、荣誉所长
的任继愈教授为会议的举办和持续做出了重大贡献。

历史在继续前进，学术界新的一代在茁壮成长。相
信中日两国之间的佛教学术交流将以多种形式继续下去
并得到新的发展。

三　培养研究生

"文化大革命"十年，对中国的教育和学术文化几乎
造成断层的恶劣影响。进入改革开放以后，1978 年终于
迎来了首届研究生考试。当时众多富于进取精神的青年，
有因"文革"中断正常完成学业的大学生，也有所谓
"老三届"以及其他在"上山下乡"极端艰苦条件下坚
持自学的青年，纷纷报名参加考试。在此前夕，中国社
会科学院成立了研究生院，其中有设在世界宗教研究所
的宗教系，专门招收攻读宗教学硕士学位研究生。因为

当时社会上没有硕士，所以不可能招收博士生。任先生对于招考研究生一事，十分重视，几次召开会议进行研究，强调此事的重要意义，征求大家意见，然后做出妥善的部署。因为我是学历史出身又是研究佛教的，他让我出历史、佛教学试题，并参加阅卷、口试等。

首届招收的研究生有20几位，其中由任先生指导的攻读佛教学硕士学位的研究生有三位。此后直到1987年任先生调任国家图书馆馆长以前，任先生招收了几届几十位硕士生和博士生。对最初招收的三届攻读佛教学位的硕士生，任先生经常与他们见面，给予亲切的指导，并将讲授佛教历史和佛教文献的基础课的工作交我去做。我想他这样安排的原因之一是希望我一边教课，一边提高自己。回想往事，我十分感谢任先生，教学的过程确实也是一个学习和研究的过程，每次为了备课，要查阅很多佛教图书资料，撰写讲稿或提纲。

任先生的教学方法注重启发研究生的自觉性和主动性，引导他们刻苦读书学习，深入思考，对研究的问题要从广泛搜集资料入手，系统积累知识，做到厚积而薄发，希望他们不要匆匆忙忙写文章、发表文章。任先生还经常教导学生要学会运用马克思主义唯物史观观察、分析社会历史和宗教问题，建议他们读一些有关的经典著作。任先生对研究生十分关怀、宽厚，当得知谁有经济困难时，总是自己解囊给予帮助。

现在，在任先生指导下获得哲学或宗教学硕士、博士学位的研究生大都做出卓越的成绩，成为各地大学或研究机构的业务骨干和业务带头人。十年树木，百年树人。笔者认为，任先生在改革开放以后为国家和人民做出的重大贡献之一，就是培养了一支拥有深厚的理论修养和广博业务知识的宗教研究工作者。

2009 年 9 月 8 日于四川什邡完稿

沉痛悼念恩师任继愈先生

乐　峰

　　我的恩师任继愈先生，因病医治无效，不幸于 2009 年 7 月 11 日以 93 岁的高龄，走完了他光辉的历程。

　　任先生是我在北大哲学系工作时的同事和老师，又是我在世界宗教研究所工作的领导，他对我几十年的教诲和影响至深至远。他生病住院期间，我前后两次探视过他。在第二次探视时，我和我老伴来到病床前，他神志不清，昏迷不醒，不能说话，我握着他那厚敦的手，希望能给他以力量战胜病魔。当我们要离开时，他突然抬起头来想要跟我们说什么，但病魔又使他无能为力。最后，我们又握住他的手，祝他安心养病，早日康复。谁知这竟是任先生和我们最后的一面，两周后，他离开了我们，永远离开了我们！噩耗传来，我们顿时感到无比悲痛。

在北大工作期间，我多次聆听过他的讲课。他讲佛教派别时深入浅出，把很难懂的一些概念讲得通俗易懂，很受大家的欢迎。为此，他被学校评为优秀讲课教授。

20 世纪 60 年代初期，毛主席对任先生用马克思主义和历史唯物主义观点写作的有关佛教方面的文章赞誉为"凤毛麟角"。此后不久，在毛泽东的指示下，任先生筹建了世界宗教研究所。他是中国马克思主义宗教学的开创者和奠基人，培育了几代中国宗教学研究人才，对中国宗教学研究事业做出了不可磨灭的贡献。

20 世纪 80 年代初期，任先生倡导中国社会科学院世界宗教研究所与北京大学哲学系合作创建了马克思主义宗教学专业，为国家培养了大批宗教学研究人才。当时，他指派我负责这个专业的教学工作。这门学科门类齐全，内容丰富，有马克思主义宗教学、佛教史论、道教史论、伊斯兰教史论、基督教史论等。当时，其他学科都有合适的教师，唯独没有合适的教师教授马克思主义宗教学。在这种情况下，为了对学生负责，任先生放下他的科研工作，亲自上阵，用马克思主义立场、观点、方法，专门为学生讲授了一年的马克思主义宗教学。听课的人除

了本科生外，还有校内外的学生和教师。因为听课的人很多，换了好几次教室。他讲课的效果非常好，年终评奖时，任先生被学校评为优秀讲课教师。

21世纪初期，在任先生的鼓励和支持下，我们组织有关专家学者撰写了《俄国宗教史》一书。经过几年的努力，我们完成了这部著作。这部著作在出版前，有关单位开过一次著作出版会议，会上不少人提出将该著作的导论（论述马克思主义宗教观和历史唯物主义原则）取消。我请教任先生后，他说："导论不能取消，因为他是该书的指导思想和灵魂。"他又讲："现在社会上有一股歪风邪气，好像马克思主义不时兴了。我们不能随风倒，我们应该坚持原则，抵制这股歪风。"可见，任先生在学术研究方面始终坚持马克思主义基本原则，毫不动摇抵制各种否定马克思主义的思潮。我们应该学习他这种始终不渝坚持马克思主义的精神。

我同任先生共事50多年，知道他的为人，他谦虚谨慎，平易近人，待人和善，淡泊名利，克勤克俭，助人为乐。他不仅在学术上关心年轻人成长，而且在生活上也关心有特殊困难的学生和工作人员。比如50年代北大哲学系有位学生因生活困难，几乎要退学，任先生知道后，经常给予他经济资助，使他坚持到大学毕业。他就是后来著名的美学专家李某某。又比如我所黄炳炎同志家庭人口多，工资低，生活很困难，他知道后，多次给予经济帮助；再如我所张子权同志长期患神经衰弱症，他调入厦门宗教局后，病情又有所发展，任先生知道后，在北京专门为他购买了神经衰弱镇静器寄给他。这是我所知道的，不知道的还有。

在学术研究上他帮助工作人员成长，以我为例，我原是从事哲学翻译工作的。我到宗教研究所后，应该确定研究方向，是搞宗教学理论呢？还是搞某一宗教史研究呢？一时拿不定主意。我向任先生请教后，他给我指明了方向。他根据我的特长，建议我研究东方基督教，特别是俄国宗教问题。在他的方向性指导下，我经过十几年的努力，终于取得了一些成绩。这些成绩是与他对我的指教和关怀分不开的，我应该特别感谢他。我们要以他为榜样，为祖国的文化教育事业贡献自己的力量。任先生您走了，我们永远怀念您！

深切怀念任继愈老所长

韩秉方

天地不仁，己丑年闰五月十九日，竟然有两颗中国文化学术界巨星——季羡林先生与任继愈先生在同一天不幸陨落，举国为之悲悼。季先生是印度学的大家，德高望重，我本人虽曾有所接触，聆听过教诲，时时铭记在心，但也只有远观景仰心仪而已，悼念之余却说不出多少个人独体的心声。任先生则不同，他是世界宗教研究所的创建人、老所长，对我这个"文革"以后才归队进入宗教所的研究人员，有耳提面命、关怀备至之恩，受益匪浅，令我终生难忘！

任先生是我在 1979 年来到宗教所时，才第一次认识的。尽管我读大学时，曾与他共同在燕园度过五个春秋，不知有多少次匆匆相向或相背擦肩而过，但却都失之交臂，无缘相识。待到我真的与任先生认识成了他的属下以后，交往多起来，却发现他除了比我熟识的北京大学教授老师们亲切文雅之外，更多了几分稳健持重，说起话来语速缓慢沉静平和，从未见疾言厉色，是一位令人爱戴尊重的前辈长者。他穿戴朴素，往往是一手提黑色提包，一手拿拐杖，走起路来不慌不忙，彳亍而行。他那白皙的容颜上常显现着若有所思的神情。总的看起来，已年过六十的任所长，要比实际年龄略微苍老些，皱纹爬上了眼角，双鬓已生出白发。这是他作为宗教所的创建者，学术带头人经历了无数运动、"文革"浩劫，留下的沧桑印记。然而，此后的十多年，随着改革开放突破学术禁区，学术研究日渐兴旺，他肩上的工作更加繁重，学术活动更加繁忙，而任先生精力反倒更加旺盛，心情更加舒畅，反倒一点都看不出他衰老的迹象……

如今敬爱的老所长与季羡林老先生离开我们远去了，而他对我本人的关爱、教诲、嘱托及其音容笑貌却都一齐清晰地凸现在我的眼前。

引领我迈入学术的门槛

"文化大革命"结束了，拨乱反正，百废待兴。我这个北大历史系毕业的老大学生不甘寂寞，决心拾掇起已荒废十几年的学业，为恢复和发展我国的文化学术事业出一把力。恰好，经朋友的介绍，我于1979年10月借调到世界宗教研究所原理室，准备参与无神论的研究。真乃天遂人愿，内心里欣喜振奋，憧憬着投身到衷心向往的学术研究工作中去的远景。正是在这时，见到了我久已景仰的任继愈所长。他既是宗教所的创建者、学科的筹划者和学术的领头人，又是监管人事大权，把守调进合格人才大门的"门神"。我的命运——从暂时借调到正式调入——就完全攥在他的手上。"培养人才，积累资料"是任先生为宗教所铁定下的"纲领路线"，必须严格遵守。这反映出任先生对人才的高度重视。当时，为了证明我有从事研究的能力，是个可造就之才，拿什么文章给任所长看呢？考虑再三，我先后拿出两篇曾贴在"西单民主墙"上，自认为既有理论又有见识的论述无产阶级民主革命和在中国应该实行无产阶级两党制的文章，全都是当时关注热点话题的时髦论文，心想一定能入任所长的"法眼"。出乎意料的是，很快就得到老先生的"当头棒喝"："你这两篇引经据典的时论文章不算数，只能在民主墙上凑热闹，今天这么说，明天又变调子了。得拿出扎实的学术论文给我看才行！"

这回可难住了我，从1963年大学毕业以后，不是搞"四清"，就是十年浩劫，除了写思想总结，就是写大批判文章，那儿找学术论文啊！正在我发愁之际，1964年就分配到宗教所的老同学杨曾文提醒了我："你把在北大历史系的毕业论文拿出来不就成了吗！"回家翻箱倒柜把导师邵循正教授指导的毕业论文——四万字的《维新变法在湖南》找出来，郑重地送给任先生。没过两天，任所长就发下话来："论文写得不错，有一定学术水平。就是在今天也仍有学术价值。"同时，通知管人事的人员办理韩秉芳正式来所手续。从此，我迈过任所长设置的这道学术门槛，成为宗教所的一名正式研究人员！

我的毕业论文《维新变法在湖南》，杨曾文同学建议我拿出去发表。我表示怀疑；这是我17年前写的，邵循正教授只给打了"5-"分，能给发表吗？杨则说："我们这十几年净折腾了，学术上没有前进，反而倒退了。你的论文任老不是说今天仍有价值吗，拿去发表没问

题。"果不其然，我把论文寄到了吉林的《社会科学路线》，稍事修改就被收进《中国近代史专集》出版了。它，成为我有生以来正式发表的第一篇论文！

初到宗教所，从我借调到正式调入这两三个月中，参加所内的各项活动，亲身感受到任先生的身体力行，言传身教，以及聆听到同事们自然流露的"口碑"，已在我心目中树立起他一心扑在全所学术筹划与研究事业上，治所有方的所领导形象，不愧是一位备受全所同志尊敬和爱戴的所长。而且，特别是通过他对我提交的那两篇时论文章的弃与贬，对我在邵先生指导下按学术规范写的大学毕业论文的肯定与褒奖，使我省悟到十几年那些充斥于报刊杂志、气焰冲天的大批判文章，腐蚀败坏了我国的学术规范与风气，必须下大力气正本清源，回归踏踏实实、严肃认真的学术"正统"。这是我走进宗教所大门的第一课，是任所长引领我步入了学术的门槛，走上了学术研究的坦途。

为我设计学术研究方向

我是学历史的，专攻的是中国近现代史。对于宗教问题只是在"文化大革命"后期才有兴趣关注而已。当我来到宗教所原理室时，还是个四十多岁的门外汉——"老学徒"。开始，室主任让我担任学术秘书，还交代在熟悉业务的同时特别关注收集一下国内外理论界有关"异化问题"的讨论情况，并且抽时间担任牙含章老先生指导两位无神论研究生的助手。在相当长的一段时间里，我除了参加牙含章教授主持的《中国无神论史》课题组，负责先秦部分如管子、兵家等的无神论思想的撰写以外，对今后自己的研究方向还是懵懵懂懂茫然不知。

　　这时，任先生从美国讲学归来，大约是 1980 年年中的一天，把我找到社科院八号楼的办公室，内容谈的是我今后的研究方向问题。任先生开门见山地对我说："你来所已半年了，为原理室做了不少具体工作，但是你今后到底从事哪方面的学术研究还没有找你谈。这次从美国回来，考虑了一下你的研究方向问题。我们宗教研究所对世界各大宗教，如佛、道、耶、回、儒等，都有专门学者在研究，可是在中国历史上影响很大的民间宗教，如白莲教等在我们所却无专人研究。在云南昆明召开的宗教学会成立暨全国宗教学研究规划会议曾制订全国宗教研究的规划，其中一项就是要撰写《中国民间宗教史》，虽安排了老专家李世瑜负责，还只是愿望而已。我

们所要有专人从事这方面的研究，以填补这个空白，弥补这一薄弱环节。你是北大学历史的，对历史上的民间宗教，过去多称秘密宗教，你是知道的。我看了你的毕业论文，知道你有学术研究能力，认为你能把这项任务担当起来。你看怎么样？"其实，当时我也正在为此事思虑发愁呢！老同学杨曾文几次提醒我："你在原理室，不能光搞空理论，得扎实地研究一门宗教才成！"如今老所长给我指明了方向，为我精心设计了今后学术研究的专业，真令我喜出望外。遂立即答应下来，并感谢所长的关怀，保证努力做好民间宗教的研究工作。任先生频频点头，口里说"好——好。"

　　紧接着，任先生就向我布置任务。"明年初，美国研究中国民间宗教的学者欧大年要到中国访问，专门交流和了解民间宗教经典——宝卷的情况。交由我所负责接待，咱们所就确定由你负责陪同接待工作。所以从现在起，你就抓紧做好访查宝卷，具体了解哪部卷子在哪里，内容说的是什么，认真做好准备工作。"任先生最后还语重心长地说："搞研究，第一步必须认真扎实地做好积累资料的工作，现在你就从这里开始吧。如果遇到什么难解决的问题，可以找我，咱们一起想办法。"

　　这次谈话，确定了我以后的学术研究方向，为我打开一扇认识新知识的窗口，决定了我后半生的事业，也可以说是决定了我一生的命运，意义重大。

1980 年 10 月，在武汉水运学院召开中国无神论学会会议。我第一次提交论文参加全国性学术会议，感到很兴奋！值得一提的是：把我和余敦康兄安排与任先生（无神论学会会长）住在一个大套间里。老先生住在里屋，我与余兄住在外屋。会务组交代我们俩：任先生眼睛不好，随时有个照应。因此，在整个会议期间，任先生出出进进，参观旅游，我们俩都尽量随侍左右，这使我与先生有了更近距离的接触。原来任先生也是很亲切的人，有时还很热情，偶尔还幽默地开个玩笑什么的。前此曾有过的某种距离感消失了。晚上，甚至是中午，常有全国各地的名流学者来看望任先生，他也不避讳我们，让我们坐在一边旁听，使我得以见到不少学者们的风采，听到他们相互间高水平的宏论，受益匪浅。

回到北京，我仍照常继续访读各图书馆的宝卷，借阅有关民间宗教的书籍和论文。突然有一天任先生打电话，叫我到三里河南沙沟他的家里，这次专门找我一个人到他家去，我心里还有点忐忑不安。当我在靠北的小会客室坐下之后，老先生让我汇报了关于民间宗教研究起步进展的情况。然后又问我在北大历史系写毕业论文

是怎么积累资料的？我回答说：邵先生指导我写论文先得收集资料。而收集资料有两种方法，一是抄卡片，二是拉长编。邵先生说："你写的是维新变法在湖南，一共就那么几个月，可以用一个大本子，详细记下每天发生的事，以搞长编为主就很好，写文章时也好查。"这次搞民间宗教的资料，我也是在本子上记了好多。任先生则说：邵循正是元史专家，我在西南联大读书时他已是青年教师了，因而也是我的老师辈的人。他教你拉长编写一段历史很好。如今你搞的是中国历史上民间宗教的研究，还是以抄卡片积累资料更好。为此，他还让我看了他抄写收藏的卡片柜，抽出卡片让我看，要求每张卡片一定要清楚准确，不能有丝毫马虎。还指出作卡片收集资料灵活，便于归类查找。接着他向我提出要求："你到所科研处领几个卡片盒、多领些卡片。今后你每个月必须抄出两百到三百张民间宗教资料的卡片，最好每个星期能作出一百张。每半个月汇集起来，交给科研处转给我看。这是所长对你的'死要求'，不能落空。"

我听了任先生提出的"要求"，开始感到有些"难"，但考虑到这是任先生为了用高标准督促我，是对我"好"，"好鼓需用重槌敲"，我就痛快地承担起这个"任务"，保证按时交"卡"。从此以后，我就忙了起来，千方百计地查找、抄写民间宗教的资料，半月交一次卡片。特别让我感动的是，任先生每次转交回的卡片，他老人家都认真审阅过，因为上面有他亲笔的改动。有的是一个标点错了，有的是丢了一个字，还有我写的字过于潦草，他都加以改正，或画上问号，旁边注上一个"改"字。科研处有的同志私下跟我说："任先生对你要求的太严了点！还没有先例！"我则释然地说："严师出高徒嘛！"

事后，听到别人告诉我，有人在任所长面前放话："老韩住在工厂区的平房里，那里整天闹哄哄的，哪能安心搞学问。你叫他研究民间宗教，搞资料，还不'放鹰'了！"任先生生怕他给我布置的任务落空，才决定下"死要求"，督促我"爬坡"。如此可备一说。

大约过去了一个多月，任先生又把我邀到他家里。这次将我作的卡片和他保存的卡片都放在桌面上，从格式到每个字的书写再到出处版本的标明，一一对照，让我自己找出缺点和差距，然后他耐心地讲解："卡片上的资料，就如同楼房建筑的砖瓦木石一样，都应保质保量，货真价实，不然的话，房子就会坍塌！卡片上每个字、每个标点、版本页码都要工整清爽，抄完当时就得复核，缺一不可，绝不能马虎！你作的卡片，仍需改进，再精

准为好。"我听了非常感动。任先生为了使我在学术研究中严格遵守科学规范，早日出成绩，迅速成长精进，真是耳提面命，悉心指导，费尽心血，使我终生难忘！

在任所长的督促之下，我进一步加快了搜集民间宗教资料的速度，摸清零散藏于各图书馆宝卷收藏的详细情况。正因为做了比较充分的准备，才使得在1981年春天，美国学者欧大年来到我们所，进行长达一个月学术交流的时候，我能够圆满地完成接待任务。当然还应指出，为了弥补我在民间宗教方面知识的不足，任先生特别让我请天津的李世瑜先生前来"助阵"，他不仅在接待工作上提供了有益的资讯，还使我从他那里学到了不少书本里学不到的东西，结识了文学所的老专家吴晓玲，并有幸看到了吴家私人收藏的弥足珍贵的宝卷。

特别重要的是，任所长为了把中国民间宗教这个重要学科建立起来，又从中国人民大学清史所调来了精兵强将马西沙。在马西沙正式调来之前，任先生找我谈，说：马西沙是戴逸的硕士研究生，他的论文题目就是清代八卦教，写的很有水平。他来了之后，你们俩要好好合作，互相帮助，把中国民间宗教的研究搞上去。原来，马西沙是北京四中毕业，大学上的是北大中文系，中学大学我们俩都是校友，年龄虽比我小几岁，但对民间宗教的研究比我动手还早些，尤其是他的路子对，从明清档案入手，发现了民间宗教在我国现存的最大最丰富的第一手资料群，为今后的研究开拓出了一条新的通道，给我极大启发和帮助。马西沙来所之后，我们志同道合，彼此公开，亲密无间，密切合作。在研究过程中，坚持了档案资料（这是基础）、经典宝卷、官书方志笔记杂录文献和田野调查四结合，在掌握丰富扎实准确的材料之后，再分别撰写自己最熟悉的教门的专题文章，作为阶段性成果。而在我们研究工作的进程中，每个阶段都及时地向任所长汇报，一起讨论研究下一步的计划步骤，受到他的鼓励。尔后，《中国民间宗教史》被批准列入国家重点学科研究计划项目，受到国家资助。经过我们两人十年的努力，终于在1991年底完成了《中国民间宗教史》一百多万字的撰写工作，于1992年由上海人民出版社郑重推出。之后，该书先后被评为中国社会科学院科研一等奖和国家社科研究三等奖。从而，在社会科学研究中建立起中国民间宗教这个学科，填补了前人空缺下来的学术空白。

在这方面，任所长科研组织工作居功甚伟，颇具卓见！对我个人而言，他老人家亲点我来研究民间宗教，就决定了我的学术研究方向，决定了我终生从事的事业，

也决定了我一生的命运。

"知恩图报",任所长对我的恩情我牢记在心,永生不忘!

无言回报的关怀

任先生作为一位大教授、学者,又身兼宗教所的所长,公开场合都是比较严肃,正襟危坐,不苟言笑。就是当我们被召唤到他家里谈工作,或者是外出田野调查归来到他家做汇报时,他给人的印象都是公事公办的样子,态度庄重,很少有况外的私人间说笑之类。确实让人感到有些冷漠,有些距离感。但实际上,他的内心却是个热心肠,除了对所里的大事紧抓不放,必须认真办好之外,还细心关心每个人的成长。

记得在20世纪80年代初,我刚来所两三年吧,社科院组织了一次全院的游泳比赛。我参加的是四十岁以上那一组,百米自由泳。比赛结果,我出人意料地得了个亚军,还发了一条大浴巾作奖品。没想到,第二周星期二上班时,在楼道里碰到了任所长,他主动地微笑着叫我的名字并亲切地说:"你身体挺棒啊,经常游泳吧!听说你在全院游泳比赛上得了第二名，为我们所争了光啊！"当时我心里真是热乎乎的，感到很温暖。业余游泳比赛这么点小事，他都记在心上，并给予鼓励，很让人感动。

1986 年 3 月份，我的父亲因病不幸去世了。他老人家劳累辛苦一生，以 86 岁高龄离世远去，让我悲痛万分。我请假一个星期，回家料理丧事。当我回所重新上班时，办公室把我叫去了，说了一番节哀安慰话之后，递给我一个信封，说："这是任所长让我们交给你的。"信封上只写了"请转交韩秉方"六个字。我打开一看，原来是八百元钱。这无言的安慰，胜过千言万语，一股热流传遍我的全身。我只向办公室的同志们说了句："谢谢任先生的关怀，谢谢同志们的安慰。"但我却未亲自向任先生道谢。

还有一件事，特别不能忘怀。那还是在马西沙调所里工作以后发生的事。当时，我们俩人到福建莆田进行了三一教调查，共同合写了一篇论述林兆恩三一教的文章，发表在《世界宗教研究》上。一次我们俩到任先生家汇报工作，交谈中无意谈到社科院里两人或几个人共同搞一个课题，或共同写一本书，经常出现闹矛盾的事，甚至最后闹分裂。我们说："我们俩不会，一定搞好团结

合作。"这时，任先生突然脱口而出："你们俩要像马克思和恩格斯那样，一生精诚合作吗?!"说完之后，又笑嘻嘻地看着我们俩。对任先生的期许，我们只得说："我们不敢当，可一定记住您的话，努力向他们学习吧！"这次谈话，给我们留下了深刻的印象，鞭策着我们在民间宗教研究上不断前进。

任先生对我的关怀、帮助、教诲还有很多很多。然而，在他生前，遗憾的是我却一次没有当面向他表示过感谢。特别是他调到国家图书馆之后，相互间见面少了，更无言谢的机会了。如今，他走了，我写这篇追思的小文，以表达我无限怀念之情，以示感恩。古人云："人之将死，其言也善。"人之已死，宜彰其功德。何况，任先生对中国文化的研究、传播和发扬有重大贡献，对我有特殊恩惠的人呢！所以我写了这篇文章，以彰显任继愈老所长的功德和他对我的"好"，以作为永久怀念。

怀念任继愈先生

李富华

一

　　任先生去世了，他是以 93 岁的高龄辞世的。但对我们这些曾在他的领导下、在宗教所工作了近四十年的宗教所第一代人，仍感到十分意外和无限悲痛；因为几十年来，我们与任先生有着一段共同的经历和一份难以割舍的情谊。任先生曾对我说过："宗教所是值得留恋的。"是的，宗教所是在毛泽东主席的亲自批示下建立的。当年宗教所刚刚建立的时候，我们总共 20 几个人，当时是何等的意气风发，朝气蓬勃，任先生 48 岁，同为领导层

的黄心川先生才 36 岁，而我们这些"小青年"刚刚二十四五岁。这样一个由中青年组成的集体，有毛主席的批示，有周总理建所方针的指导，方向明确，大家一往无前，不知道困难，只知道努力工作，共同为开创中国的马克思主义宗教学而奋斗。在 1964 年下半年到 1965 年上半年那段很短的时间里，我们几乎没有星期天，一天三班，从资料收集到第一批研究成果的问世，只用了几个月时间。之后，我们一起到农村"四清"，任先生一身旧军装，身先士卒。"四清"回来后不久，宗教所与全国人民一样被带进了"文化大革命"运动中，任先生则以"反动学术权威"的罪名被"靠边站"，宗教所也成立了"文革小组"，科研工作停止了。但刚成立的"文革小组"知道任先生是毛主席接见过的，是绝对的马克思主义者，所以又最早地"解放"了他。在尔后长达七八年的运动中，由于总的形势，宗教所也陷入了派性斗争，机关瘫痪，以致工军宣队进入、清查 5·16、下干校等一系列事件中，根本谈不上科研工作，全体宗教所人与全国人民一样经历了一场磨难。

1976 年粉碎"四人帮"，宗教所与全国人民一样迎来了春天，活跃了起来。在中央精神的指导下，宗教所添人进口，不长的时间，从 20 几个人发展到 60 多人，后来甚至达到近百人。任先生也是在这一时期开始被正式任命为宗教所第一任所长。那真是一段激情燃烧的岁月，在任先生的领导下，宗教所的研究工作如井喷般地开展起来。从 1976 年到 1987 年这十几年里，从基本资料的建设到基础理论、世界各宗教的全面研究，我所推出了一批引人注目的成果。在中国社会科学院首届优秀科研成果奖的评选中，我所获奖多达十几项，与历史悠久的大所相比毫不逊色。这些成果都是我国宗教学研究的奠基之作，其学术水平在几十年后的今天仍然无法超越。这一时期，宗教所创办的《世界宗教研究》已是全国宗教学研究的核心刊物；我所培养的研究生不仅是所内研究工作的后续力量，一部分分配地方的也成为地方宗教学研究的骨干。宗教所是名副其实的全国宗教学研究的中心。回想 1979 年初，由我所组织在昆明召开的全国宗教学会成立暨全国宗教学研究规划会议，真可谓群英荟萃，盛况空前，我国的宗教学研究自此步入了一个全新的时代。如任先生所说，这样的一个宗教所难道不是值得留恋的吗！而当时的宗教所及宗教所所取得的一切成绩，都与任先生呕心沥血的操劳分不开。1987 年任先生调任北京图书馆馆长，但他在宗教所的影响始终存在。

二

任先生早在 20 世纪 50 年代就已是国内著名的中国哲学史专家，与冯友兰等大家并称；60 年代他受命主持四卷本《中国哲学史》教科书的编撰，这部书是至今高等院校的重要教材之一。这一时期他发表的《试论中国哲学史的对象与范围》、《中国哲学史发展规律的探索》等文章，充分显示了他的中国哲学史研究已达到一个相当高的水平。同时，他发表的关于佛学研究的近 10 篇论文得到毛主席的高度评价，被誉为"凤毛麟角"。任先生是当之无愧的中国哲学史家和宗教学家！

任先生是一位学风十分严谨的学者，正如他自己所说："有几分根据说几分话。"因此，他十分重视文献资料的收集和整理。20 世纪 50 年代他发表了《老子今译》一书，这应该说是他关于老子研究的资料准备，是他对《老子》原文解读和研究的重要成果。他在一篇《论老子哲学的唯物主义本质》的论文中，为了说明《老子》书中"道"的意义，摘抄了《老子》中 30 多处讲"道"的语句并进行解读，充分反映了他"有几分根据说几分话"的学风。由他领导创办的《世界宗教研究》创刊号上，他发表的佛学论文是《关于僧肇的〈般若无知论〉》。这篇论文的正文不足 2000 字，而为了佐证他的观点，他把《般若无知论》全文作了详尽的注释和白话翻译，称"附今译"，其文字几乎是正文的 10 倍。由此可见，他始终都是把文献资料的整理放在第一位。1976 年我所全面展开研究活动，由他提出的办所方针中把"资料建设"摆在十分重要的地位。也正是在这种方针的指导下，我接受的第一项科研任务就是编辑《中国佛教丛书》。这部书的宗旨就是"提供比较系统的关于中国佛教史的原始资料"。按照任先生的计划，这部书先编"禅宗编"、"天台宗编"、"华严宗编"、"法相宗编"，但当 1982 年完成禅宗编后，因编纂《中华大藏经》工作的启动而基本停顿了。1982 年 5 月，任先生在国务院古籍整理小组召开的全国会议上提出编纂《中华大藏经》的建议，得到与会学者的一致赞同；古籍整理小组李一氓组长决定交任先生主持并在经费上全力支持。汉文佛教大藏经是中国佛教典籍的总集，是佛教研究最基本的资料。20 世纪初，日本佛学界因编辑《卍字续藏》和《大正藏》使其佛学研究的水平大大提升，并走在世界佛学界的前列，而我国却落后了。这就使中国佛学界耿耿于怀，

一直想改变这种状况。我国佛学界的老一代就把重编大藏经作为自己的奋斗目标，从杨文会、欧阳竟无到叶恭绰、吕澂、周叔迦等都在为此而努力。1962 年在我国老一代佛学家的倡议下，中国科学院哲学研究所曾召开会议，决定编纂《中华大藏经》，只是因为随后的一场政治运动使这一计划没有付诸行动。是任先生借改革开放的东风，提出倡议并由他主持完成了《中华大藏经》的编辑和出版，实现了几代佛学家的愿望。我个人有幸受任先生的委派，参加了这一编辑工作的筹备以及编辑工作的全过程。

任先生一生从事中国传统文化的研究，研究范围涉及儒释道各个方面，并取得了当今学术界难有与之并称的成就。他是我国真正的国学大师。同时，他又是一位坚定的马克思主义者和爱国主义者。他曾写道："只有马克思主义才能给人以正确的答案。"他是中国当代运用马克思主义的辩证唯物主义和历史唯物主义研究中国古代哲学、中国佛学并取得突出成就的学者。任先生倡议编辑《中华大藏经》的初衷之一，就是要编辑一部比日本《大正藏》收录更完整、校勘更为精良的大藏经版本，这其中饱含着他深深的爱国情怀。在制定《中华大藏经·续编》编辑方案的过程中，他坚持不能直接影印日本

《卍字续藏》收录的典籍，要重新排版，其缘由是《卍字续藏》每册尾页上附有为日俄战争中阵亡日军将士祈祷的内容，带有日本军国主义的色彩。任先生的爱国情结由此可见一斑。

三

我与任先生没有师生的名分。上大学时，我曾听过他的讲课，但他并不认识我。我直接聆听先生的教诲，还是1964年进入宗教所之后。任先生是我真正的学术领路人。1966年1月他是我加入中国共产党的入党介绍人，之后，我在他的领导下参加了宗教所图书馆的筹建工作，参加了如《中国佛教丛书》、《中华大藏经》的编辑工作。1979年我在《世界宗教研究》创刊号上发表的第一篇文章《略论禅宗的形成》，是经他亲自修改后发表的。他阅读初稿后，认为文章在中国禅学史的论述中还缺少"地论学派"对中国禅学的影响一节，要我查阅有关资料进行补充，并具体指示要查阅的文献典籍的名称。我根据他的意见，用了几周的时间阅读相关史料进行补充。1980年到1991年我在《世界宗教研究》上发表的所有

文章都请他审阅过。1982 年，杨曾文同志将任先生为我所佛教专业研究生选编的一部油印本参考资料《佛教经籍选编》拿给我，要我进行整理和校注。我利用业余时间，经过近一年的努力，对这部资料集进行整理，删重补缺，校对注释标点，并作了索引。当我将这部书稿送交任先生之后，他请人作了誊写，并提议让我交中国社会科学出版社出版，还作了推荐。这部书是我平生出版的第一部书，也是借先生之名出版的第一本书。

我与任先生的交往在宗教所虽说不是最多的，难比他的学生，但说在一段时间里"过从甚密"绝不是言过其实。任先生教我如何做研究，教我如何当领导，有批评，有关怀，使我深受教育。可以说，我在宗教所、在学业上的每一点进步，都饱含着任先生的教诲，先生是我永生难忘的恩师！

任先生去世了，中国当代学术界失去了一位真正的大师和导师，这是中国学术界的一大损失，整个学术界都在怀念他，我们宗教所的老一代人都在怀念他。

2009 年 8 月 10 日

天亦流泪

秦惠彬

任老走了。追悼之日，天降雨，上苍亦泣。

1978 年，我考入中国社会科学院研究生院世界宗教研究系。任继愈先生是导师，我是学生。三年间，耳提面命，受益良多，听先生讲课（我只听了一部分），抉微索奥，吐论恂恂，如沐春风。我的硕士学位论文是关于少数民族宗教哲学家的，与先生熟悉的儒释道并不切近，先生还是对七八万字的论文，做了详细修改，甚至包括遣词命句。

研究生毕业后，我留宗教所做研究工作。任老是所长，我是刚入门的研究人员。从此时起，在我的心目中，所长第一，师长第二。因为性格原因，惮趋堂奥，我同

先生个别交往不多，六七年间，只有两次。一次是先生得知我要去搞社会调查，约我到他家谈一谈。先生谈了社会调查的重要，又谈了一些方法问题。临走时，在客厅门口，他说："你带点大蒜。"当时，立马怦的心头一热，两眼发潮。"带点大蒜"四个字，深铭五内。若不是这四个字，这次谈话的内容或有忘却的时候。另一次是先生批评了我。他说我，好吵架，骄傲了。但是，其中最重的话不过是"你是我的学生"。事后，我跟一位同事谈起此事，我说我正在思考吵架与骄傲的逻辑关系。他申斥说，别说任老，就连他都想就此数落数落我。时至今日，依然故我。江山易改，禀性难移，此之谓也。每忆及此，常怀违训之憾。

任老调离宗教所，长北图。其后，我参与了《中华大典》哲学卷与宗教卷的编辑工作。此时同先生的接触、交谈反而多了起来。

那年春夏之交，任老约我到北图，告知我，由我组织一次宗教学讲座。我负责邀请讲课人员，其余事宜由先生安排。任老告诉我，只讲四种宗教，即佛教、道教、基督教、伊斯兰教，一周一讲。我问先生："儒教讲不讲？"他说："不讲。"我又问："现在，行吗？"当时，有些人喜欢到马路上走一走，到广场上坐一坐。我很怀疑，这种情形能有人来听讲座吗？他明白我的意思。先生回答说："行。"我去听了这些讲座，来的人很多，座无虚席。相关方面反映，效果很好。事后悟得，人们的精神消费方式可能是多元的。

在一次会议的间隙，任老找我谈话，挺正式地交办一件"大事"。先生说，他已跟某日报谈妥，开一个专栏，一周登一篇文章，几百字、千数字即可，最多两千字，长期做下去，通俗地介绍无神论知识。对农民，这种宣传尤其重要。写作大任，就交给我了。我有些犹豫，不太积极。原因是，我有两种思想障碍。其一是我的同事们大多认为，科学地论说各种宗教，就是宣传无神论。其二是关于无神论的研究对象、叙事材料，厘清不易。与其贸然动笔，中途爽约，不如先等等、看看。此事遂寝。有前辈批评说，耽误了大事，敷衍师教。

任老走了。作为哲人，遐龄九秩有三，可谓学寿全归。

"以似以续，续古之人。"

（在7月17日宗教所举办的《任继愈先生追思会》上的发言）

怀念任继愈先生二三事

王　镇

任继愈先生对曾经与他一起工作过的同志怀有深厚的感情，不论该同志是做什么工作的，职务高低。先生1987年调离世界宗教研究所后去国家图书馆任馆长。宗教所的黄陵渝同志去三里河先生寓所看望先生，先生向她关切地询问："王镇同志还在所里吗，现在情况如何？"当时我早已离休多年，编辑室主任的职务早已由别人替代，只不过是经常参加社科院老干部活动中心活动的一名冗员。过一段时间，黄陵渝同志又找到我说："老王，任先生又问起你，你应该打电话回复先生。"我以自己多年来很少建树，赧于回复，从而失去了听取先生教诲的机会，至今常感悔咎。

　　有一段时间《世界宗教研究》是国内唯一刊载研讨宗教方面文章的刊物，因而受到各界的关注和重视。它的稿件的来源，一是社会上的投稿，二是编辑部专门组稿，三是本所科研人员所撰写稿件，编辑部有权作出处理，或决定刊登，或予以退还作者，或要求增删修改内容后再采用。还有些稿件通过任继愈先生转给编辑部，遇此情形，任先生都在稿面上签署："此稿××同志所作，请编辑部审阅，能否刊用望作妥善处理。"先生从不以自己是学术权威或所领导指令如何如何。编辑部同志对任先生尊重编辑工作感受很深，决心努力提高学术水平，改进编辑工作，以完成本职工作。

深切缅怀任公继愈先生

金宜久

任公继愈先生永远离开了我们。

先生不仅在中国哲学史、中国佛教史、中国道教史、宗教工具书，以及整理佛教道教经典、中华大典、敦煌遗书、二十四史等方面做出了卓越贡献，而且为建立国内第一所马克思主义的宗教研究机构、建立马克思主义的宗教学科和无神论学科的辛勤劳作，是我们这些后辈学者应予铭记在心的。今天宗教所得以在国内外享有盛誉，在学术舞台上有所作为，完全应归功于先生奠定的基石。

1963 年 12 月 30 日，毛泽东对中央外事小组"关于加强对外研究的请示报告"，做了重要批示：对至今影响着广大人口的世界三大宗教（佛教、基督教、伊斯兰教）进行研究，要有马克思主义者领导的研究机构，出版这方面的刊物；同时提出，不批判神学就不能写好哲学史、文学史、世界史。同年，周恩来根据批示精神，对宗教研究做了具体指示：要研究世界三大宗教的理论、现状和历史，包括它们的起源、教义、教派、经典等。

1964 年初，先生参加了由中宣部科学理论处处长于光远、北京大学校长陆平、国家宗教局局长肖贤法组成的筹备小组，为建立世界宗教研究所确定大政方针和实施步骤。同年 5 月，冯定代表北京大学党委传达了中央文件和有关批示后，宣布世界宗教研究所正式建立，由先生任所长，哲学系东方哲学史教研组的全体教师转入宗教所。此后，宗教所在先生的领导下，有条不紊地开展筹建工作。

当时，宗教所由北京大学和中国科学院哲学社会科学部（简称学部，即今中国社会科学院的前身）合办。党政和业务归北大领导，经费和后勤由学部负责。先生从建所之日起，就极力坚持并认真贯彻筹备小组确定的、以马克思主义为指导思想研究宗教的方针。

建所不久，业务活动几乎还来不及全面铺开，所内同仁就与北大师生一起于当年 10 月参加了郊区的社教运

动。翌年春，社教运动以后，为提高大家的理论和业务水平，先生组织学习马恩列斯论宗教，邀请有关专家讲授或介绍宗教知识；此外，还组织调研国内外的宗教状况，编写有关世界宗教的基本资料。然而，好景不长，"文化大革命"中断了刚刚开始的业务活动。

1978年，"文化大革命"宣告结束。宗教所恢复正常业务工作。为挽回丢失了的时间，尽快开展业务活动，先生又明确、具体地提出"积累资料，培养人才"，要求全所同仁，继续学习和提高马克思主义的理论和有关著作。实际上，在"文化大革命"的后期，无神论研究室（后更名宗教学原理研究室）的同仁，已从马恩列斯著作中，摘编有关论宗教的语录。最终编辑并由内部印制了《马克思、恩格斯、列宁、斯大林论宗教》。当时，所内同仁人手一册。先生的心愿是，希望大家打下扎实的理论基础，提高研究水平。大家也不辜负先生的厚望，坚持以马克思主义为研究宗教的基本准则。

1978年起，先生多次招收研究生。《马克思、恩格斯、列宁、斯大林论宗教》也成为这些研究生的必读书。他们从入学的第一天起，就受到系统的马克思主义教育。先生还通过各种渠道，选派所内同仁出国进修、访问或出席国际学术会议。

　　先生主张研究人员参与集体项目，在完成课题研究任务过程中不断提高、成长。1979 年，先生布置编写国内第一本宗教工具书，这成为组织所内外的与宗教研究有关人员的一个重要措施。它对宗教所的成长，尤其是对伊斯兰教研究室成员的成长，有着决定性的意义。先生指定我主持伊斯兰教词条的编写工作。当时，伊斯兰教研究室的研究力量，与其他研究室的人员相比，最为薄弱。尽管所图书馆已经购置和收集了不少宗教书籍，但伊斯兰教方面的图书资料仍然十分匮乏，几乎没有什么可读的书。当我向先生反映有关的情况和意见后，先生却极力鼓励我"带领大家，在干中学"。当时，我们遇到的困难是可以想象的。从确定词目到搜集资料、编写词条，大致经过了一年左右的时间，完成了《宗教词典》伊斯兰教词条的初稿（经过初审、复审、三审和终审）和定稿工作。伊斯兰教所能收集的条目和撰写的释文，与佛教、基督教的数量相比，仍极其悬殊，这正反映我们当时的研究水平。1981 年，当室内同仁每人领到一本《宗教词典》时兴高采烈的情景，迄今难以忘怀。它毕竟是伊斯兰教研究室白手起家、从零开始获得的成果，体现了"积累资料，培养人才"建所方针的实效。如果没有先生的鼓励和支持，很难想象伊斯兰教研究室的同仁

在短期内能够完成编写工作，也很难在编写词典过程中成长起来。

先生把"积累资料，培养人才"的眼光，扩及国内与宗教相关的不同学科，为的是使宗教学学科尽早地建立起来。其中一个重要工作，就是主持制定宗教学研究的"十二年规划"、筹备召开中国宗教学学会。

1979 年，先生在云南昆明主持召开中国宗教学学会的筹备会议。这次会议显然是对国内与宗教相关学科研究力量（其中还包括部分宗教界知名人士）的一次大检阅。近百位来自全国各地的学者聚集一堂，探讨宗教研究问题。与会者中，仅北大老中青三代校友就有 42 位之多。除了先生以外，知名人士还有罗竹风、季羡林、熊德基、蔡尚思、马学良、张克强、张德光等大家。这次会议讨论了"十二年规划"，更重要的是大会安排了几次学术报告，真正体现了学会的学术特点。在会议结束前，与会者反复酝酿、讨论并通过了宗教学学会的章程和学会的人事安排。为了慎重起见，先生对学会章程和人事安排，还特意通过长途电话请示了院部领导。中国宗教学学会建立后不久，中国无神论学会也正式成立。这两个学会均分别推举先生为会长。学会的建立，对开展学术交流，提高学术研究水平，无疑具有重要的意义。

根据我的记忆，列入"十二年规划"并于 20 世纪 80 年代陆续出版的，与伊斯兰教有关的著作，有北京大学马坚翻译的《古兰经》、新疆社科院宗教所宝文安、买买提赛来翻译的《布哈里圣训实录精华》，北京外国语学院（后更名北京外国语大学）纳忠主持翻译的《阿拉伯—伊斯兰文化史》等。其中《古兰经》和《布哈里圣训实录精华》译本的问世，受到国内外的特别关注。敢于把出版宗教经典纳入"十二年规划"，这是先生大胆、有气魄的表现，同时又以实际行动向世人表明，我们的改革开放是真实的，是对落实宗教信仰自由政策的有力证明。

此前，先生让我到西北地区了解佛教和伊斯兰教领域的研究力量，和有可能纳入研究规划的课题。通过了解，来自西北地区的不少同志应邀参加昆明会议（有的还受邀参加《宗教词典》的编写工作）。在先生的启示下，我与伊斯兰教分组的代表，特别是新疆的同志讨论有无可能召开一次伊斯兰教研究的工作座谈会，进而举行西北五省区的伊斯兰教学术研讨会，这一建议受到与会者的赞同，也得到先生认可。在 80 年代，西北五省区轮流召开伊斯兰教研讨会，会议提供的论文受到普遍的重视。这同样是和先生的支持分不开的。

20 世纪 80 年代初，先生的一个具有极其重要战略

意义的设想是，向北京大学哲学系提议，联合创办宗教专业，招收大学生，系统培养受过专业训练的宗教研究、高校师资和宗教工作的干部。先生的意图很明显：改变世界三大宗教"至今影响着广大人口，我们却没有知识"（批示原话）的状况。宗教专业课程的师资，先生决定由宗教所派遣研究人员担任。这一提议获得哲学系的赞同。继宗教专业建立后，先生又向哲学系提议并合办宗教干部培训班。先生还从宗教所派出专人，协助哲学系管理宗教专业的课程。这样做的好处在于，先生可以及时通过教学活动，了解和检验所内同仁研究成果的实效性。

北京大学的宗教专业一旦建立并陆续培养出毕业生后，在高等院校引起了巨大反响。不少高等院校也相应地建立起宗教专业或开设宗教课程。宗教所的研究成果，为他们所接受和应用。先生的设想不仅变成了现实，而且改变了国人对宗教"没有知识"的状况，取得了成效。

先生十分爱惜人才。宗教所恢复业务活动后，需要一批学术骨干。从其他单位或高等院校引进人才，是刻不容缓的事。一些进所的同志，有的是由于种种原因不愿在原单位继续工作，有的空有才华而难以发挥，有的则期望到宗教所获得更好的发展前程。特别是从北京以外地区来所的同志，当年要解决户口指标和住房问题，甚至包括解决他们的家属和子女的户口问题，其难度是可以想象的。这些同志来所后都受到了重用，先后被安排为不同处室的领导，或是成为不同学科的骨干。这些同志在加强学科建设和提高业务水平方面，发挥了不同的作用。

1982 年，先生受国家教委（即教育部）的委托，为高校文科编写一套宗教教学参考书。先生责令我组织人员承担伊斯兰教史的编写工作。为了编好这本参考书，先生还把我送到国外大学去访问、进修一年多时间。在外期间，多次参加国际性的学术会议，与有关学者从事交流，接触并搜集到大批资料，这为伊斯兰教史的资料搜集、到北京大学宗教专业讲授伊斯兰教的课程，做了充分的准备；也为我们及时完稿，为伊斯兰教学科的基本建设奠定了基础。没有先生的培养和派遣，要在不多的时间内，完成伊斯兰教史的编写，几乎是不可能的。

先生特别重视图书资料工作。在宗教所建立的同时，先生就筹备建立国内第一所宗教专业图书馆。宗教所的所址最初在北大燕南园，根本无法开展业务活动；

随后，学部选择西颐宾馆（中馆）安顿了宗教所。这时，所图书馆有了一定的规模。为了搜集和采购有关图书资料，先生派我到上海的有关部门了解情况。除了到上海图书馆和小桃园清真寺了解那里的藏书情况外，还准备到徐家汇天主教藏书楼了解图书情况。当时，藏书楼不对外开放，只能作罢。尽管宗教所先后搬迁多次（从燕南园到西颐宾馆，到法学所，到白云观，到建外，再到院部），但图书馆一直受到先生的重视，图书资料没有受到任何损失。院部大楼建起后，所图书馆最终安顿在八楼。这时，藏书不断增加，图书一直上架开放。许多外国学者来所参观后，在浏览图书馆时，对它都十分赞赏，认为这在国外有此类专业图书馆的也不多。例如图书馆在"文化大革命"后接收了一批宗教图书，是极其珍贵的。它收藏了一套完整的、20世纪初创刊的 *The Muslim World* 季刊，在国内也是罕见的。可惜的是，20世纪80年代下半叶，这座专业图书馆被并入院图书馆，从而失去了它的专业特色，在使用的方便方面也大为逊色。

为与宗教图书馆配套，先生还一度设想建立一座宗教博物馆，拟从实物方面为研究工作提供感性知识。由于当时的条件（主要是展品存放地方和经费）的限制，未能实现。

先生十分重视对国内宗教现状的社会调查。即使在
"文化大革命"的后期，宗教所也适时地组织研究人员多
批次地到各地从事社会调查。其中包括到云南、山西、
河北、浙江、福建的社会调查。例如，郭朋带领了到山
西太原的调查组；我和有关同仁先后参加了到山西、河
北、浙江、福建的调查组。

为了从动态方面掌握宗教现状，进而便于从事跟踪
研究，先生曾经在云南设立了一个宗教研究工作站，还
配备了专业工作人员。开展工作几年后，终于因为受到
干扰和其他客观原因（经费、人事等），这个工作站不
得不最终撤销。今天一再强调国情调查，如果这个工作
站一直存在下来的话，差不多有近30年的时间，这对
宗教所以至于对社科院在资料收集积累、研究活动和人
才培养方面，所能做的工作或贡献，可能不会是很
小的。

为了活跃宗教研究，为有关学者提供发表研究成果
的园地，先生创办了《世界宗教研究》，随后又创办了
《世界宗教资料》。当时社会上已有几个宗教杂志，但它
们都"不是由马克思主义者领导的，文章的水平也很低"
（批示原话）。先生坚持杂志应以马克思主义为指导，组

织和刊登稿件。这两个杂志在发表成果方面各有侧重。前者主要是发表国内学者的研究成果，后者主要是介绍国外宗教研究的现状和有关宗教研究方面的综述。由于分工明确，当时不仅在学术界广有影响，甚至在国外也享有盛誉。

先生关心宗教研究的同时，并没有忽视无神论研究。当时，尽管无神论研究活动主要由无神论研究室（后更名宗教学原理研究室）的同仁承担，也是无神论学会各项学术活动的主要参与者，但是，所内其他同仁同样关注无神论研究活动的开展，也同样是以马克思主义的唯物主义或无神论观点研究宗教问题的。这一时期，无神论研究的重要成果，是由当时的学会秘书长王友三编辑的《中国无神论史资料》，此外，他还编写了《中国无神论史纲》。1982 年出版的《宗教·科学·哲学》文集的18 篇论文中，有关无神论的文章就有 8 篇。

1985 年，先生调到国家图书馆任馆长。大概在这一年，中国宗教学学会被更名为中国宗教学会；中国无神论学会也在无形中停止了活动。当前活动的中国无神论学会，大概是在 20 世纪 90 年代的下半叶，在任先生的提议和坚持下重新开始活动的。与前不同的是，重新开展活动的中国无神论学会，在先生的倡议下，有了它的会刊——《科学与无神论》。

　　先生在宗教所、中国宗教学领域的功绩是任何人也抹杀不了的。先生留给我们的丰硕成果和精神财富的核心，就是以马克思主义研究宗教的方针，这是我们后辈学者应予继承和切实维护的。

"没有什么比事业更重要"

张新鹰

    我最初知道任继愈先生的名字，是"文化大革命"后期在内蒙古高原的一盏孤灯下读到他的《中国哲学史简编》，但那时我却不知道，任先生将对我未来的生涯产生那样大的影响。

    1976年12月，我得到知青"病退"政策的照顾返回北京，第二年10月，身体基本康复后，经黄心川先生引荐，进入刚刚恢复科研工作的世界宗教研究所。记得引荐之前黄先生让我誊抄一篇朱谦之先生的手书遗稿，作为对我文化水平的一次测试，结果据黄先生说"除了一个'尝'字没写口字边"以外，全篇没发现抄错的地方，于是，我顺利地成了急需劳动力的世界宗教所图书资料室的一名"打工仔",并且很快发现:那位《中国哲学史简编》的作者就是这个研究所的所长。当时,世界宗教所还没有向社会公开,以"北京 1658 信箱"为代号对外,所里似乎笼罩着一股严肃而略显神秘的气息,也理所当然地很重视对新人的思想政治教育。在向我介绍工作要求的时候,图资室副主任李富华先生郑重地拿给我一份毛泽东主席 1963 年 12 月 31 日批示的油印件,我在这张标着"机密"字样的纸上,第一次读到了毛主席对任继愈"已如凤毛麟角"的赞誉,心中的崇敬感油然而生,对世界宗教所的重要性和特殊性也开始有了认识,这种认识,成了促使我在图书资料岗位上努力工作的动力之一。不久,我就被图资室领导当作骨干栽培使用。

1978 年第一届研究生的到来给世界宗教所注入了新的活力,那时他们基本上是随着所里活动,学习上对所图书馆的依赖程度很高,与图书资料人员的接触相当密切。同时,所里导师为他们开的课,其他人也可以去听。虽然图资室的工作很繁忙,我还是坚持到研究生院借来做课堂的北京师范大学听完了任继愈先生讲的《佛教概论》。这是我第一回近距离亲承一位佛教研究大家的謦欬,获得的感觉只能用"极其美妙"来形容。任先生讲课,声音清亮,不疾不徐,整堂课娓娓道来,如行云流

水，无一丝凝滞，配以恰到好处的板书，脉络勾勒非常清晰，重点强调非常明确；把课堂笔记从头到尾略加整理，就是一本结构完整、深入浅出的现成读物。听课之享受，真的莫此为甚！

我少年时代长期生活在老"学部"研究机构和研究人员的氛围里，对搞学术研究一直抱有兴趣，与研究生们的接触和聆听任先生的授课，使我产生了报考宗教所研究生的强烈愿望。当时研究生只有硕士一档，对报考者的学历要求并不像后来那样严格，我觉得自己加把劲还是有可能一试的。不过那时还没有在职读学位的制度，要读就得离开图书资料室去"脱产"当学生，而宗教所图资室的工作环境和专业性质是那么引人入胜，我已经干得如鱼得水，如果离开，说实话要下很大决心。正在我颇犯踌躇的时候，任先生不知怎么了解到了我的心思，专门找我做了一次时间不长的谈话。面对德高望重的老所长，我这个无名小辈不禁诚惶诚恐，心头乱跳，以至谈话时的不少细节都没有记清，但记住了他对我说的主要意思——"所里需要一心一意钻研图书资料工作的年轻人，希望你安心在图资室干下去，把它作为一项事业，全力做好"；我还记住了他说的"毛主席曾经是北大图书馆的馆员"，"图书馆是培养人的地方，谁说干图书馆没有出息?"——我相信,这句话不是他言不由衷地随便说来敷衍我的,1987 年,任先生亲自担任了中国最高的图书馆馆员,国家图书馆的建设变成了他终其一生的事业,此系后话。

我已经不记得自己是怎么回答任先生的,好像是只有唯唯,但所长的教诲毫无悬念地打消了我报考研究生的想法。看着慈祥的老所长,我觉得自己仿佛做错了什么,——宗教所图资室给了我一个生存并且表明自己能力的空间,我却在其用人孔殷之际想离它而去,寻求个人的兴趣和前途,这是否叫做"不义"?人而不义,是何人哉?——我不禁感到一股愧疚。从此以后,我塌下心来和宗教所图资室命运与共,一干 16 年,再也没有生起过那个念头。宗教所图资室在这 16 年里,全力以赴地落实任先生八字建所方针中"积累资料"的要求,由小到大,由弱到强,逐渐居于国内宗教学术文献资料中心的地位,对我国宗教研究学科的发展壮大起到了重要作用。我也在佛教大藏经版本的研究辨析和日本、台湾的宗教类文献著作的出版动向及遴选评鉴方面积累了一定经验,还撰写了一系列学术文章,得到同行间的认可。

任先生劝导我在报考研究生之外另辟成长道路,此后,他对我在这条道路上迈出的脚步,无时无刻不寄予

真切的关注，不断地给我以指点、提携和帮助。

1981年，所里第一次进行职称评定，由于除了任先生以外，包括老同志在内的几乎全体人员都没有职称或最多只有讲师职称，所以评定的程序和现在不一样：没有个人申报和职称评委会评审的环节，而是像"文革"以前乃至更早时期的做法，由所领导班子开会决定，但需要报上级部门认可。结果是大部分具有"文革"前入校资历的大学毕业的研究人员都被定为中级职称。任先生在会上提出把我也定为图资系列的中级职称，即"馆员"，他的提议得到了通过。所里的职称聘书是请在图书资料室帮助整理古籍的魏广洲老先生用毛笔填写的，在评定结果尚未宣布之前，魏老先生悄悄告诉我："你评的是馆员，你的聘书我已经写好了。"我乍一听，完全不相信自己的耳朵，以为老先生搞错了，但他非常认真地表示，自己就是按照所里给的名单写的，绝不会错。可是，接下来一段时间又没了消息。后来我得知，是院里主管部门不同意所里对我的这种破格评定，坚持要从初级职称开始评。任先生尽管是一所之长，还是"胳膊拧不过大腿"，交涉无效之后，只能接受院里的意见。这样，当我拿到聘书的时候，上面的职称已经改成了"助理馆员"。对此，我倒是没什么情绪，因为中级职称对我而言本来就是不该有的奢望，我只想应该感谢所领导的信任而已。不料，就在这时候，任继愈先生再一次把我叫到他的面前。任先生讲了对我职称评定的简要过程，谈话的重点则放在教育我不要在意个人得失上。他的下面一番话我至今记忆犹新："人有没有学问，不在于他有什么头衔，我的老师熊十力先生只是个讲师，谁能说他没学问？但是学无止境，谁也不能说自己的学问就了不起了，就要向国家要什么待遇。我在外面好像有些名声，其实那是人家看得起中国社会科学院，是社科院的山高，而不是我高。""我们干的是事业，干事业的人不能总想着自己能得到什么，要看在工作中发挥了多大作用，对这项事业做了多少贡献。你还年轻，应该把眼光放远，以图书资料室的事业为重，别的事情都可以看轻一点。"

这是任先生第二次郑重地跟我谈论"事业"。现在回想起来，在和任先生接触的三十几个年头里，"事业"二字是我从他口中经常听到的词语。大约从1982年开始，我多次接受所里的任务，陪同任先生在国内出差和参加一些活动，他走到哪里，就把宗教学科建设的布局、思路带到哪里，他所讲的，都是"事业"二字。在云南，他乘汽车长途跋涉到丽江，帮助当地建立东巴文化研究机构，他说，这是一项"事业"；在青海，他与省委负责

同志座谈，希望他们支持西北地区伊斯兰教研究，他说，这是一项"事业"；在中联部李一氓部长办公室，他对这位国务院古籍整理规划领导小组组长力陈编纂《中华大藏经》的必要性和具体设想，他也说，这是一项"事业"。1997 年，《中华大藏经（汉文部分）·正编》历经十余年艰辛，出齐了全部 106 册，任先生又开始为上马续编奔走呼号，在他让方广锠教授和我起草、经他逐句修改并以自己的名义通过新闻出版总署向中央领导报送的《论证报告》中，他仍然说这是一项"事业"，指出：编辑出版《中华大藏经（汉文部分）·续编》可以"进一步增强中国传统文化资源的开发和利用，进一步发挥中国文化建设的积极作用"，"是使整个《中华大藏经》事业的社会效益和国际影响进一步扩大的需要"。2007 年 3 月 29 日，温家宝总理在收到任先生的报告后批示："此事对于保护和发扬中华文化有重大意义，请财政部支持，新闻出版署落实。"自此，在《正编》完成整整 10 年以后，《中华大藏经（汉文部分）·续编》终于得以立项启动。任先生要我担任《续编》的副主编，协助他和常务副主编杜继文先生处理编委会的行政事务。开完重新成立《续编》编委会的筹备会议，任先生特意请与会人员吃烤鸭，入座时他说："我从不在外面吃饭，今天破例，这顿饭我要和你们一起吃！"这是我参加的由任先生做东的唯一一次"宴会"，也是最后一次和他一同用餐。2009年1月22日，农历腊月二十七，是任先生固定到馆上班的星期四，我到他办公室提前向他拜年，他又就《续编》编委会与经费管理及出版单位中华书局之间的分工合作关系作了详细指示。当时我感觉，他的口齿有些含混，气力有些不济，但是思路仍然十分清楚。我哪里知道，病魔正在凶狠地侵蚀着他的肌体，这是他最后一次向我当面布置有关《中华大藏经》的工作。3月27日，我陪同拟在"第二届世界佛教论坛"上代表任先生介绍《中华大藏经（汉文部分）·续编》的杜继文先生到达无锡，经国家宗教局叶小文局长亲自过问，杜先生被安排在28日下午大会发言。杜先生回到北京后，向任先生报告了这件事，已卧病在床的任先生露出欣慰的笑容：他不是为受到论坛主办方的礼遇而喜形于色，他是为能在重要国际场合介绍新中国这项重大的文化建设事业而兴奋不已。6月1日，病情已经危重的任先生在病榻上签署了《续编》的编纂出版合同，将浓墨重笔的"任继愈"三个大字永远地镌刻在了他为之殚精竭虑的这项事业当中。

同样的，还有许多"事业"由于被任先生视为责无

旁贷的己任，而得到他长期的、特别的关注。

任先生从国家社科基金一建立就担任宗教学规划评审组组长，直到 2003 年才卸任。我从 80 年代中期开始承担评审组秘书的工作，前后大约十六七年。90 年代到本世纪初，社科基金宗教学组每年的课题指南几乎都是任先生指示我先行起草，连续好几年，任先生都要求在指南中列入"藏传佛教典籍翻译"这一项。他说，我们的藏传佛教研究比较薄弱，应该从包括藏传因明学在内的重要典籍的翻译入手去加强基础研究资料建设，国家社科基金一般不用于翻译项目，但宗教学组情况特殊，必须支持这项事业。在他的主导下，国家社科基金立项资助了一系列藏传佛教典籍的翻译工作，而且，以此为先河，重要学术文献的翻译成为后来宗教学组课题指南中独特的保留项目。

1978 年，任先生创建了中国无神论学会，任理事长；1979 年，任先生创建中国宗教学学会，任会长。1988 年，中国社会科学院赵复三副院长将中国宗教学学会更名为中国宗教学会并出任会长，任先生改任顾问，但中国无神论学会的理事长职务，任先生始终没有辞谢。1997 年 2 月，在中国无神论学会因环境所迫而经历了 10 年沉寂之后，面对以"科学"面目出现的新有神论思潮甚嚣尘上的社会现实，任先生毅然冒险犯难，召集哲学社会科学、自然科学以及新闻界部分人士，发出了中国无神论学会以哲学社会科学界与自然科学界联盟的方式重新开展工作的动员，矛头直指"伪科学"、"伪气功"。1998年10月7日的中国无神论学会年会，明确做出派员前往吉林调查李洪志及其"法轮功"组织的决定，调查报告初稿于1999年4月20日写成，24日改定，"4·25"事件当天由任先生领衔签名送进中南海，成了帮助中央领导同志了解情况、制定决策的"及时雨"。5月5日，任先生当面向时任中央政治局常委的李岚清同志提出应创办一份宣传和研究科学无神论的刊物，李岚清同志当即指示中国社会科学院向新闻出版署申请刊号，请任先生直接给他写信申请经费；5月14日，任先生申请经费支持的信件获得李岚清同志批示；20日，新闻出版署批准给予刊号；7月1日，国内唯一一份专门宣传和研究无神论的杂志《科学与无神论》出版了它的试刊号。迄今，由中国无神论学会主办的这份双月刊问世已经整整10年。这10年里，中国无神论学会每年召开一次学术年会，任先生只要时间和身体允许，都要到会讲话；会上会下，他总是强调无神论宣传教育和学科建设的重要性，尤其不忘鼓

励新生代学者把这项关系中华民族素质的精神事业继承下去，发扬光大。直到弥留之际，他所牵挂的仍是建立无神论研究专门机构和专业学科的事情。

"事业"，"事业"，正是任先生对发展中国哲学社会科学、发展中国文化教育的强烈事业心和责任感，不仅促使年轻的宗教学研究事业在新时期开始后不久就获得了可喜的进展，为其今天在我国哲学社会科学领域蔚为显学奠定了坚实的基础，为中国化马克思主义宗教理论的形成和发展置备了多方面的良好条件，而且推动了以更新更广的视角研讨和评价中国文化传统、使之在中国特色社会主义进程中实现广泛承续与积极创化的热潮。对此，任先生厥功至伟，无论怎么估计也是不过分的。同时，在很大程度上，任先生也是我的事业观和事业心的培养者、塑造者，他的身体力行，他的耳提面命，给我的启迪和教育如同随风春雨，润物无声，不知不觉地影响了我的思想理念和生活态度，影响了我青年时代以后的全部工作轨迹乃至人生轨迹，使我也有幸在一个特定的历史时段，为以任先生为旗帜和代表的世界宗教所前辈所开创的事业能够蓬勃兴旺下去而不懈努力了三十多年，即或遭遇猜忌、误解、损伤，依然任怨无怨，任毁无悔。因为，任先生用他的言传身教一直告诉我："没有什么比事业更重要。”任继愈先生用他的一生完成着这个事业，他的一生闪闪发光地熔铸为这个事业的一部分。而这事业，乃是人民群众的事业，党和国家的事业，于是也应是每个中国学人的使命和事业。

因此，忝列门墙如我者，不能有别的选择。

纪念任继愈先生

钟肇鹏

1956 年我报考了中国科学院哲学研究所。1957 年 3 月到哲学所报到。最早认识的两位学界前辈就是冯友兰和任继愈先生。冯先生是哲学所中国哲学史组的组长，任先生是中哲史导师。冯先生是组长领导全组工作，所以一般每周来一个半天。任先生是兼导师，基本上不到所里来。我认识任先生是在 1957 年 4 月中旬，由程静宇同志带我到中关园任先生家里见到的。光阴似箭算来已经半个多世纪了。

任先生是宗教所的创建人，也是第一任所长。"文化大革命"后，他想编一部《道藏提要》。他知道我是搞目录学的，曾征求我的意见，我说这个题目很好，做出来是学术上的一大贡献。20世纪80年代我调入宗教所，当时宗教所还没有道教研究室，道教附在儒教研究室。我到宗教所后，就对任先生说，世界宗教研究所有基督教、伊斯兰教、佛教、儒教等研究室，唯独没有道教研究室。道教是中国本土固有的宗教，儒教是否是宗教争论颇大，把道教附在儒教研究室内显然不合适。我建议增设道教研究室。任先生觉得我讲的有道理。但他说，可是道教研究没有人。我说现在的几个研究生（陈兵、王卡、朱越利、吴受琚）都是学道教的，把他们留下就行了。于是宗教所向社科院报告，1981年10月道教研究室成立，我担任首届道教研究室主任，我们的任务就是编撰《道藏提要》。经过大家几年的努力编成了《道藏提要》。《道藏提要》出版后，反映还不错，获得中国社会科学院优秀作品奖，2005年已出了第三次修订本。

1996年4月任先生八十寿辰，我写了一副对联祝贺。

编著逾等身，内圣外王，会通三教明大道

杖朝尊耆老，通今博古，弟子七十首颜渊

任先生是一位正直的学者，我主持编注了一部《春秋繁露校释》，有个参与者在校对时，把我在案语中的名

字，一律改成他的名字，有几百处之多。这部书 2005 年出第二版校补本，我把他篡改的名字一律删去，因为这本来不是他做的，并在《校补后记》中说明。此人拿着第一版到法院去告我，反而说我侵犯了他的著作权。我向任先生讲起此事，语音未落，任先生就说："我出证明。"很快任先生就寄来了证明说：

　　《春秋繁露校释》（校补本），是一部有较高水平的古籍整理著作。该书《校补后记》中所述，情况属实，并有原稿及抄清稿为证。×××违反学术规范，剽窃钟肇鹏同志手稿，不仅不道德，也是违法德。特此证明。

　　任先生既讲到学术规范，又讲到道德和法律问题。有理、有据、有力，真是"片言折狱"，掷地有声。该案的律师和法官既不懂古籍整理，也不调查学习，山东高院××法官的判决书居然以被篡改的底稿为根据说"最终是××案"，所以是他的著作，竟成笑柄。我曾说："律师佞词好诡辩，法官不正则徇私。"看来对法律工作者加强职业道德教育很有必要。法院上万言判决书，废话连篇，较之任先生的"片言折狱"，真是天壤之别。

　　"生也有涯，学无止境"是任先生的座右铭。1996年任先生80岁高龄，还出版了他的《老子今译》第四次修订本《老子绎读》，这是任先生自强不息、精进不已的治学态度，值得大家学习。

　　7月11日任先生病逝于北京医院，而季羡林先生也在这天病逝于301医院。两位是老朋友，不期同去，是学术界的重大损失。谨挽之曰：

　　　　先正不复还，著述愈等身，华彩文章垂不朽，

　　　　学坛双星坠，余晖耀盛世，瓣香薪火自有人。

　　　　　　　　　　　　　　　　　　　　2009年7月12日

《天人之际》编后记

李　申

前言：宗教所要为任继愈先生编纪念文集。由于所撰《我的导师任继愈》已拟收入由学生、家属等共同参加的《我们心中的任继愈》一书，故将十二年前编选先生《天人之际》一书的编后记奉上，并借此向文集编撰者致谢意。

——**李申**　2009. 8. 5

承蒙出版社的盛情好意，我们编选了任继愈先生的这部学术随笔。依丛书的统一要求，每篇文章应限制在一千字左右，由于文章本身的性质，或长或短的情况无法避免。

　　任继愈先生是研治中国传统文化的学者，中国传统文化的问题，能够用一千字就说清楚的为数极少，任先生也很少有这样的文章，所以本书不得不从先生的全部著作中，摘取那可以独立成意的段落，删去引证，以适应丛书的统一要求。个别篇章，如论禅宗的，在本文中并不独立成段，但文意难舍，只好删去引证，重加拼合。由于文意本身的精辟和逻辑的严密，拼合后还少见斧凿之痕，这是编者感到欣慰的。

　　全书的分类，既照顾到现代的学术分科，又照顾了中国传统文化的实际以及作者多方面的学术成就。

　　任继愈先生首先是个哲学家，他用力最勤、成果最多的学术领域，首先也是哲学。他在佛学研究方面所取得的举世公认的成就，也主要是探讨佛教的哲学思想。所以有关哲学的文字，自然要单成一类（第一节至第五八节）。

　　中国哲学资料，散见于各种古代文献之中。单顾这些资料，自然也可独立成说，但此说的深度，甚至可靠度，就有可能要打折扣。任继愈先生的特点，就是不仅仅注意这些纯哲学的资料，而是还顾及这些材料所存在的文化和社会背景，犹如考古学家注意文物的底层及相关情况一样。知人论世、知世论学、知多学而论一学，

是任继愈先生治学的重要原则。这样，他就不仅是一位研治中国哲学的专门家，而且是一位全方位的研治中国传统文化的学者。他哲学、宗教、科学兼治，儒教、佛教、道教兼通，并且在每一个领域，都做出了独到的贡献。适应这种情况，本书就在哲学之后，次以儒（第五九节至第九五节）、佛教（第九六节至第一四五节）、道（第一四六节至第一五八节）三教，各成一类。

近20年来，对任继愈先生学术主张争论最多的是儒教问题；而主张儒教是宗教，也是先生20年来最重要的理论建树。而任继愈先生之所以作出"儒教是宗教"的判断，正是基于他对中国传统文化全方位的深入研究，基于他所具备的中西历史、哲学、宗教学等多学科的深厚功底。"儒教是宗教"说虽然举步维艰，但近年来承认此说者已逐渐增多。笔者相信，今后将会有越来越多的学者接受这个判断，而这个视角将是我们理解传统文化的一个新的视角，这个视角将使我们对中国传统文化的理解更为深刻、更为正确、更接近它的本貌，长期困扰人们的历史现象也将迎刃而解，因而也更有利于正确地继承这份五千年来未曾中断的文化遗产。

任继愈先生说过，他从步入学术界那一天起，就抱着一种沉重的心情，一种巨大的历史责任感。因此，在他学术生涯的每一步，他都以满腔的热忱关怀着现实的生活，一面努力使自己的学术研究为现实的社会生活服务，一面对各种各样的现实问题直接发表自己的意见。这方面的文章，我们把它归为一类，可称为"杂著"（第一五九节至一九六节）。杂，只是反映了这些文章内容的丰富性和多样性，它们的重要性却一点也不减少。如果说哲学及儒、佛、道三部分是弄清史实，那么，杂著部分则多是如何应用于现实。

在学术和现实之间，多年来难以避免的有两种摇摆，一种是为学术而学术，不顾自己的研究有无现实意义和价值；另一种是在学术为现实服务的口号下牺牲本身的严肃性和科学性，使学术研究成为随心所欲的工具，成为现实某种需要的附庸和注脚。其结果，既损害了学术，又淆乱了社会的是非界限。如何坚持为现实服务而又不失学术的严肃性，坚持学术的严肃性又使它不脱离现实，而是现实生活所必需的一部分？从任继愈先生的文章中，我们将会得到有益的启示。

一个学者，特别是像任继愈先生这样的学者，他的生平，他的学术道路，是人们所关心的。所以我们仿照古人，也收了一点（第一九七节至第二〇一节）。可惜这部分文字太少。我们希望，任继愈先生今后能多谈谈自

己，对于学术，对于社会，都是有莫大的裨益的。

我追随任继愈先生，已十有八年，但多是忙于自己那狭隘的领域，只是这次编书，才较为全面地了解了先生学术活动的各个方面，由于情势所迫，也极为匆匆，极为浮浅。虽然如此，掩卷之际，心情仍然难以平静。因此从这些文章中，我不仅进一步看到了先生的为学，也进一步看到了先生的为人。为学如何？为人如何？学生虽心知而不敢妄议，世人当不难从中作出自己的结论。学生可说的是：不论这部著作是否合乎适宜，是否合乎人们的口味，它都是一个严肃的学者认真钻研的成果。

参加本书编选的有李申、李劲，后记由李申执笔。

1997 年 10 月 31 日

我的事业领路人任继愈先生

段　琦

　　人生总有几个最关键的转折点：一是脱离父母，重新组成完全属于自己的小家庭，就这点而言，配偶是最为重要的；另一个是自己的事业，一生中所从事的主要工作，就这点而言，事业上的引路人是最重要的。应该说我在这两个方面都较幸运。前者我遇到了戴康生，他给了一个幸福的家庭；后者我遇到了任继愈先生，他引领我进入了宗教研究的领域。

　　我第一次遇见任先生是在 1966 年"文化大革命"开始之后，那时我作为戴康生的女友到西颐宾馆（当时宗教所所在地）玩，见一位文质彬彬的中老年人正低头在认真地扫楼梯，戴康生走过他身边时轻轻地叫了一声

"任公"，老人头也不抬地轻声"嗯"了一声。进了房间，戴康生对我说，刚才扫楼梯的就是任继愈，被当时宗教所的党委书记打成反动学术权威，现正在监督劳动。尽管如此，所里有一批人内心都很同情任先生，但在当时的形势下也无可奈何。这次与任先生的初次见面其实等于没见，我并没有看清任先生的脸面，任先生更不会认识我。

与任先生开始熟识是在河南息县哲学社会科学部干校，当时我作为医务工作者调到干校医务室工作，宗教所照顾我和戴康生，专门搭了一间小土屋给我们住。我原本与宗教所的一些人比较熟悉，下干校后则就更熟识了，宗教所的每个成员我都认识了。那时任先生给我最大的印象是，每到星期日他就与杨雅彬一起去周围的村子给农民扎针灸，听雅彬说，他们还真扎好了不少人，连当地流行的疟疾病人都用针灸治好了。

1972年初周总理下令哲学社会科学部的全体人马返京，我们医务室全体人员也随之回来了。由于返京后医疗条件改善，医务室无须像在干校时那样要负起全部哲学社会科学部成员、包括家属在内的看病问题，所以医务室不需要这么多人员了。我原本是北京大学生物系毕业，并非学医的，所以我的工作如何安排就成了问题。

就在此时，任先生来我家（当时我住在本院八号楼一间十二平方米的小室，该楼后被拆除，盖了现在的社科会堂）找我，问我原在北大读书时公共外语学的是什么？我说我学的是英语。他说，"那很好，你就到宗教所图资室来吧！因为新订了七八十种英文杂志正没人管呢，你来就把它们管起来"。就这样我就来到了宗教所。我管的外文杂志大部分是基督教方面的，有时基督教研究室的一些同事会让我译一些小文章，然后帮我修改，有些就发表在我所办的内部资料上。一来二去我对基督教开始感兴趣了，并利用空闲时间读起世界史和与之相关的基督教历史。1978年宗教所招收第一批研究生。翌年，任先生作出了一个重要决定，让"文化大革命"期间毕业来所的年轻人一律全脱产跟研究生学习专业知识。最初他不让我学，说我不属此列，因为"文化大革命"时我已基本学完了（1966年运动开始时我是大学五年级学生，快升六年级了），我就去找他理论。我说："我就算基本学完，那学的只是生物，又不是宗教，在宗教方面我是白丁，你无论如何不要剥夺我这次学习机会。"任先生听了后，想了想就说："那好吧，你就全脱产跟基督教研究生一起学吧！"就这样我就与孙善玲、卓新平、任延黎、何光沪等人一起听课，参加他们的专业考试。经过一年

多的专业学习，我的基督教知识（包括圣经知识和西方哲学史等）有所长进，这为我其后步入基督教研究领域打下了一定的基础。

任先生不仅是我进入宗教所以及基督教研究领域的引路人，甚至还一度充当过我的古文老师。此事还得从1974年说起。1971年当时我们在河南干校，任先生发现自己的眼睛出了问题，看人脸看不全了。不久他就回北京治疗，同仁医院诊断他是视网膜剥离。医生让他一动不动地在床上躺了几个月。当时正值夏天，医院条件较差，根本没有空调，任先生以常人所没有的毅力积极配合医生治疗，但这次治疗效果不大。1974年，他听说上海有激光疗法，决定去上海医治。当时所里想派一位办事得力的人员陪同前往，谁知任先生不要，而是提出要我陪同，当时不只是所里一些人感到意外，连我都深感吃惊，因为我当时在所里是个最不起眼的小人物，办事能力也不强。事后我才知道，他让我去是为了不影响所里的正常工作，因为那时相比之下我在所里是个闲人，加之我又是上海人，到上海后每天可以回家住，也能为所里节省一笔住宿费。就这样我就与冯钟芸先生一同陪任先生前往上海，他们住进了和平饭店。我们先去上海第一人民医院找了一位专家赵大夫看，他认为根据任先生当时眼睛的状况已不能采用激光，只能手术，并要任先生立即办理住院手续。任先生没有答应。接着，我们又联系到上海第六人民医院，向专攻激光治疗的杨大夫求治。杨大夫看了任先生的眼睛后认为可以采用激光疗法，而且不用住院。就这样，我们隔一段时间去一次医院接受激光治疗，其余时间就在和平饭店待着。医生要求任先生尽量闭眼卧床休息。由于不住院，激光治疗也不能天天进行，所以我的任务不重，只是每天给任先生买买饭等。此时任先生提出我应该利用空余时间学点古文，因为他知道我是理科出身的，文科功底较差。于是他让冯先生拿了一本北大中文系学生学的古文书让我读，每读一段便要将该段意思用现代汉语解释出来，不对的地方，两位先生就给我更正。这使我在陪任先生看病的日子里古文功底也有所长进。

在此期间，我对任先生的治学态度有所了解。一次闲聊时，他提到他与冯钟芸先生不一样，冯先生每次在讲课前极其认真的备课，但上完课就轻松了。而任先生则不是，每次上完课，他都要对上课时发现的不足之处回过头来再读书和思考，所以每次给学生上完课后，他自己在学术上也得到了提高。

任先生对待自己的病处之泰然的态度也给我留下了

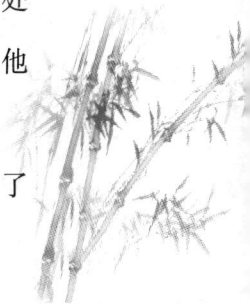

深刻的印象。他的视网膜剥离在去上海治疗时已达到非常严重的程度，医生认为就是经激光治疗也只能维持几年。我记得杨大夫还很形象地把任先生的视网膜比喻为一块糟透的布，因为太糟了，与眼球粘不住了，所以脱落下来，现在用激光的办法把那块已部分脱落的布硬钉到眼球上，但由于布太糟了，钉上了也维持不了多久。当时我就问任先生过几年眼睛全瞎了怎么办？他说，他已想好，还有许多工作可以做，当即就给我说了一堆他的设想。我经常跟别人讲，如果非让我选择聋哑还是瞎眼，我宁可选择聋哑，因为聋哑毕竟能看到现实世界，而瞎眼只有黑暗，这将是多么大的痛苦！但任先生却能如此平静地面对这可怕的结局。也许正是因为这种心态，使他的眼睛视力延长了远比医生所预期的长得多的时间，尽管他最终一只眼瞎了，另一只眼只有 0.1 的视力，但至少没有成为盲人。而且从 1975 年从上海治病返京至 2009 年去世之间 30 多年间，他在这种视力状况下，还主持了这么多大的科研项目，实在难能可贵！

　　我对任先生为宗教研究不拘一格地网罗人才也有切身感受。20 世纪 70 年代末 80 年代初，任先生打算编撰《道藏提要》。一天他到我家来找我公公戴孝侯，请他参加这一工作。我公公很受感动，马上答应。我当时就想，任先生真会找人，竟会想到我公公。事实证明，任先生找得很对，因为我公公17岁起进商务印书馆，从练习生做起，在新中国成立前夕已是商务印书馆总馆协理（第三把手）。新中国成立后，商务印书馆成立高教出版部，他曾担任过该出版部主任，只因反右时被打成了右派，被降薪降职两级，此后只在哲学编辑部任普通编辑。尽管如此，就其古文功底和做书籍提要的经验而言，那真是难得的人才。任先生正是看到戴老先生这一特长，所以认定他是编撰《道藏提要》最合适的人选。我公公也不负任先生所望，对《道藏提要》工作十分上心，一有问题便及时与任先生沟通。因为与宗教所有这段关系，我公公甚至一度自认为也是宗教所的人了。

　　任先生离开宗教所以后，对我的成长始终非常关心，每次去他家看他时，他都要问我最近在做什么，对我的研究工作很感兴趣，还多次肯定我有一股不服输的劲头。当我公公戴孝侯和我丈夫戴康生相继去世后，任先生唯恐我精神上受打击太大，承受不了，为此他曾多次打电话给我的一些好朋友从侧面打听我的情况，直到我去他家，他见到我的状态后才放心，说没想到我会这么坚强。实际上，我的所谓"坚强"正是建立在有这么多像任先生那样的亲朋好友的热切关怀之下，正是他们给我这些

无形的爱，使我很快地走出了生活的阴影。

　　现在任先生走了，我又失去了一位长辈式的老同事。在我悲痛之余，也有一份坦然。在与任先生遗体告别的那天早上，我先去了放置戴康生骨灰的墙前，告诉他，任先生已到了他那里，他们可以在那里见面了。我相信，不久的将来我也会去那里与他们相聚的。正如一则广告所言："人生后花园，没有缺席者，只有迟到者！"但愿我们这些迟到者能够在有生之年努力做几件像任先生那样于国于民有利的事情。

2009 年 8 月

你毕业了也还是我的学生

——怀念恩师任继愈先生

王志远

为什么要在今天写关于先生的文章呢？因为他去了。我从繁忙和恍惚中猛醒过来，发现30多年的相处就此永远不再，一推再推的约见将永远成为不可能，突然意识到这一点，心中隐隐作痛，不禁潸然泪下。

一个月前，与先生相约在国家图书馆他的办公室会面。由于许久没有单独约见，我凭空多了几分期盼，早早地便奔向西郊而去。然而，接见我们的是师姐——先生的女儿任远。先生夜间突感不适，已经住院。我们和任远无拘无束地畅谈，追述了许多往事，气氛愉快而轻松。其实，在这轻松而愉快的气氛的外围，忧虑像浓雾

一样弥漫着，大家都不愿提及，却心照不宣，那就是先生的健康。

第二天夜晚，任远给我回了个电话，说任先生为未能如约接见我们表示歉意，身不由己。我当然诚惶诚恐，连说只要先生康泰，不见也是高兴。任远还说已经把我的专著《中国佛教表现艺术》转呈了先生，先生自然是高兴，还夸了几句，特别是嘱咐任远，要好好读一读，其中不乏创见。我当然更是受宠若惊。因为在我的心目中，他不是大馆长，也不是老所长，他是我的老师，对我曾经耳提面命整整三载的亲近导师。他的夸奖，像年幼时父母给我的一粒糖果一样甘甜。而且我深知先生是轻易不夸人的，从先生门下毕业已经24年，虽然此前已经有不少成果，但是作为专著，这是我的第一本，能够得到先生的首肯，使我感到总算报了一点师恩。

从那一天起，我总盼着先生能好起来，再约见我一次。但是，噩耗传来，竟是永诀。历历往事，荡气回肠。

2006年前，国际儒联举行春节聚会，任先生是照例要光临的。他没有等到会议结束，提前退席，我跟出来送他。先生那天精神很好，兴致勃勃，红光满面，忽然问我："志远，你知道我多大年纪了？"我至今不明白先生为什么突然问起这句话，当时就更懵懂，认真地想了一秒钟，回答老师："您好像80多了吧？"说实话，多少年来常见先生，岁月荏苒，我真是认为先生也就80多，精神矍铄，身板也还硬朗嘛！先生笑了，他说："我今年已经90了。"我不禁欷歔不已，感叹先生已经超越"不知老之将至"的境界。

随后，先生讲了一句出乎我意料的话："你的胡子越来越长，越来越漂亮了。"

那天回到家中，夜不能寐，给先生写了一封信。其中引用《论语》的话，"父母之年，不可不知也，一则以喜，一则以惧。"先生的长寿，令我欣喜；但是毕竟已是九秩高龄，我心中还是掠过一丝忧惧。

信终于没有发出去，我把它留下，也把一丝忧惧埋在心里。后来就更关注先生的一切。

而那一句关于胡须的话，却是我与先生间的一段公案。先生是无意间的闲谈评判，还是一瞬间想起了往事？我没敢问，却不能忘怀。

我是1977年那一届的大学生，实际是1978年春季入学。年近30才上大学，有些不安分，很快就跃跃欲试，要考研究生。由于得到另一位恩师、当时任内蒙古大学哲学系主任的杜继文教授的指点，我报考了任继愈先生的研究生，而且取得专业课90多分的好成绩。录取之

前，我特意从呼和浩特赶回北京，到三里河寓所先生的家中拜谒，手边牵着我的 7 岁的小儿子。先生看到我的大胡子、小儿子，没有多问什么。据说，第二天一上班，他叫来研究所的黄秘书，把我的名字从录取单上划掉。黄秘书数年后笑着对我说："任先生看到你年纪轻轻留个大胡子，认为你有颓废倾向。"

我这个当时并不知道"颓废倾向"的学生，三年后仍然报考了任先生的研究生，终于还是入了先生的门墙。而我手中牵着的小儿子，如今也已经是著名学府的教授。

令人捧腹的是当年招生的老师到内蒙古大学去面试，我这个一贯不修边幅却极受系领导宠爱的学生，接到面试通知，赶忙去刮脸修面，害得来客坐等了近一个小时。系领导用这一个小时不断摆我的优点，来客问难道没有缺点吗？系领导想了想，好不容易找出一个：个人卫生注意不够。

这段故事，先生后来听说了，录取我，实际上已经排除了"颓废倾向"。但是先生再也没提起过这件事。

或许这是先生心里憋闷了几十年的一件事，终于在他九十高龄的时候，以一句闲适的夸赞，了结了关于胡须的一段公案。

回想起来，先生对一生中的许多事，似乎都是这样优雅地转过了重峦。

他是以马克思主义哲学思想为指导来批判佛教的著名思想家。世界宗教研究所的唁文给予了比较准确的评价：

"任继愈先生是我国马克思主义宗教学研究的奠基人，是中国学术界坚持用马克思主义立场、观点、方法从事学术研究的杰出代表，是德高望重的哲学社会科学研究组织者和领导者。新中国建立后，他自觉接受马克思主义对哲学社会科学教学研究工作的指导地位，以1956年光荣加入中国共产党为标志，实现了爱国知识分子与共产主义者之间历史性的跨越和统一。1955年至1962年，任继愈先生陆续发表《汉唐时期佛教哲学思想在中国的传播和发展》等论文，后集为《汉唐佛教思想论集》出版。这些论文站在历史唯物主义角度研究中国佛教思想，其视野之广阔，分析之深刻，为开辟宗教学研究的新方向提供了出色的范例，不仅得到毛泽东主席'凤毛麟角'的赞誉，也得到国内外学术界的好评，成为中央决定设立世界宗教研究所的嚆矢。任继愈先生对于世界宗教研究所的开基之功，是不可替代、不可磨灭的。"

先生生前给我们讲起过毛泽东接见他的情景，也讲

过下放到"五七干校"的生活。

我们那一届只有三个同学，因此得到不同于往届几十个学生的待遇——到先生家中去上课，每周一次，实实在在的"入室弟子"。先生很郑重地备了一块小黑板，几支白粉笔，挂在客厅里，那就是我们几个的课堂。主课是中国哲学史，学习方法是读《资治通鉴》，写读书心得，把文言文翻译成语体文，都是些扎扎实实的功夫活儿。我记得曾写过一篇论王莽的文章，颇得先生好评。2008 年曾给中央政治局讲课的牟钟鉴先生当时是任先生的助手，给我们改过作业。

闲暇的时候，我们很好奇，终于听到毛泽东主席如何在半夜两点时还在读任继愈先生的文章，心血来潮，立即通知北大党委，召见任先生。先生是三点半左右进入中南海，来到主席身边，一直谈到凌晨。

毛主席夸赞任先生是"凤毛麟角"，不是虚的，是真看了他的文章。

随着时代潮流的变化，先生对佛教的分析不再是唯一的视角。但是，说起以马克思主义哲学思想为指导来批判佛教，仍然不能不以先生为代表，他成就一家之言的历史地位是不可磨灭的。先生是学者，他批判佛教，出于学者的真诚，同时不乏真知灼见。一个学者的观点不一定要绝对正确，而一定要保持研究问题的真诚。历经百年的沧桑，我们看到中国学者为祖国的强盛、民族的复兴，付出了多少心血、多少光阴、多少探索？当那一页历史翻过去的时候，我们可以不拘泥于他们的某些结论，却不能不钦佩和效仿他们对祖国对民族的赤诚。

先生对改革开放之前的 30 年并非没有看法，他自己的佛教批判思想也并非没有变化。他用了后 30 年的时间，为继承传统文化、为民族复兴，也为佛教的传承和发展，做了许多实事。先生晚年的许多想法是足以振聋发聩的，例如，他竟然敢于提出今日之中国依然需要"科举"，而且振振有词，发人深省。又如，他主编的《中华大藏经·续编》将成为有史以来最宏大最权威的佛典。如果佛教界还有人对任先生当年的批判耿耿于怀的话，看看他这 30 年都在做什么，岂不应该"月下披云笑一声"吗？

世界宗教研究所的唁文提供了比较详细的数据：

"任继愈先生认为，我国当前的学者有义务为未来的文化高潮准备更多的传统资料。他对此身体力行，主导了极其浩大的古典文献整理出版工程。1983—1997 年，他主持编纂完成一亿多字的《中华大藏经（汉文部分）·正编》，该书获得国家古籍整理一等奖、中国社会

科学院优秀科研成果奖。他还主编规模达 150 卷的《国家图书馆藏敦煌遗书》，担任规模达 7 亿—8 亿字的《中华大典》的总主编，担任重新校订出版《二十四史》的总主编。为了编纂这些资料性书籍，他中断了自己原来的许多研究计划。在《中华大典》的编纂中，他还亲自兼任《哲学典》和《宗教典》的主编。如今《哲学典》已经编纂完毕，正式出版；《宗教典》已经启动，预计 4—5 年完成。2007 年，他就启动预计达 2.6 亿字的《中华大藏经（汉文部分）·续编》致信中央，得到温家宝总理支持。他几乎每星期一、四都要前往《中华大藏经》编委会办公室，督促检查工作进展情况。就在一个多月前的 6 月 1 日，任继愈先生还在病床上签署了《中华大藏经（汉文部分）·续编》的编纂出版合同，在国家的古籍整理出版伟业中留下了他最后的遗墨。"

"文革"之后至今已经 30 余年，研究宗教的学者已经成长为一支相当庞大的队伍，老中青算起来也有数百人之多。而其中相当一部分是先生的晚辈。例如如今最为知名的佛教学者之一、中国人民大学的方立天教授，已是桃李满天下，其实也是任继愈先生的学生。煌煌若此，遑论其他？先生恩泽，源远流长。

我走上学者、教授的道路，也是先生一手栽培。

1984 年底，我硕士毕业。先生召我到家去谈谈，问我是否愿意去北京大学讲课。我很惶惑，以从未教过书推辞。先生说不急，回去想想再谈。回到宿舍，同学们好奇地围上来问任先生找我干什么，我如实汇报。不料其他五个室友一同骂我太愚，他们说，北大的讲台是那么容易上的吗？如果不是任先生推荐，你刚毕业就能上台啊？

我第二天晚上赶紧又去见先生，表示愿意去。先生问，为什么想通了？我说，同学都骂我是傻瓜，辜负老师的栽培。先生笑了，说你不是傻，是实在，但是要有勇气，敢于做有意义有价值的事。我终生难忘的还有那天晚上冯师母对我的鼓励和传授。她说："不要怕，上课有窍门，第一是不要贪多，第二是不要贪快，第三是一定要讲清楚；不但自己要明白，更要让学生明白。"师母的传授使我豁然开朗，获益匪浅。

先生对我说："你没毕业是我的学生，你毕业了也还是我的学生，我家的门是永远向你们敞开的。"

1985 年 5 月 31 日晚，先生约我谈话，我在一个笔记本上记叙了这样几句宝贵的教诲："不要急于念学位，抱着一个题目钻牛角尖，而要把范围放宽。""不要急于出书，否则搞学问不踏实。""人能吸收的时刻不多，要

抓紧。"

　　或许是先生还眷顾着与我的约会，就在我写这篇怀念他的文章的灯下，我无意中竟然翻开了这个老旧的笔记本，竟然翻到了写着"任继愈"三个字和几行话的这一页。我在"文革"前的日记都亲手烧掉了，所以后来从不写日记，唯独这一页的书眉上记着"85.5.31"的字样。这是我在先生身边时留下的不多的手记。

　　如果是一个呱呱坠地的孩子，31 年就是 31 岁，"三十而立"，不管原来有几岁，我们都是在任先生面前，是他看着长大的。

　　我与先生的奇缘是在冥冥之中。当初报考先生的研究生时，我忽然忆起少年时代，在旧居的大北房窗下，几缕阳光透过窗棂照在我手中捧着的《人民日报》副刊上，那是一篇论述佛教的文章，我清晰地记得文章，却忽略了作者的名字，可是在决定报考的那一瞬，我似乎又回到少年的窗前，几粒尘埃还在空气中浮动，而那作者的名字却依稀可辨：任继愈。

　　我到图书馆找来当年的报纸，印证我并非经历了幻梦，那一定就是我的导师，大约 15 年前就定下了。

　　如今，导师去了，我再也无法到家中向他请教，或许只有幻梦才能使我们重逢。毕业了我还是您的学生，逝去了您依旧是我的导师。您未竟的事业，您的弟子们正在努力继续完成，当您所期盼的中华民族的伟大复兴在中国的大地上发出万丈光芒的时候，您留下的典籍和后学，将是您永远的骄傲！

关注犹太教研究的任继愈先生

黄陵渝

一

1995年底，我从以色列研修犹太教与中东历史文化归来，科研定位开始转向对犹太教的研究。由于犹太教在我国完全是一门新兴的宗教学科，我们院、所图书馆的资料很少。我除了抓紧翻译从以色列带回来的书刊资料外，还在网上查询相关信息，并请国外学者帮忙找书。与此同时，自己也不断地跑书店、书市、图书馆查找有关的犹太教资料。

1998年6月底，我在国家图书馆查了一整天犹太教的外文书籍目录，累得头昏脑涨、精疲力竭。我想办个外文借书证，先把一部分急用的书借来。可是办证处的工作人员坚持不给我办证，因为我没有副高职称。

我非常生气，第二天就往任继愈先生家打电话，想好好告上一状。任先生的儿子任重接了电话，他告诉我，任先生最近有尿血现象，去医院查出膀胱上长了一个小东西，化验后是癌（即膀胱癌），现在北大医院做手术。任重答应我，等他爸爸出院，就把我想办国图外文借书证之事告诉他。

1998 年 7 月 20 日，天气非常炎热，刚刚出院的任先生给我打来电话说，他帮我借有关犹太教的书。让我就国家图书馆所缺的最重要的犹太教书籍，开出一个书目，寄给他，他让人去买。他说：“作为国家图书馆，应该有这些书。”

8 月 23 日（星期天）中午，任先生又打来电话，让我在所里开好介绍信，去国家图书馆办外文借书证。他说：“小黄，办图书证的钱我给你出！（当时办一个国家图书馆的外文借书证要近 200 元，我每月的工资不到 500 元。）你要好好钻研犹太教学问，千万别动摇，有困难就找我，我一定帮忙。”他还说：“小黄你自学成才这一点非常不容易，你一定要坚持做好犹太教研究。”

　　我牢记着任先生的话，踏踏实实地做学问，终于写出《世界犹太教与文化》、《犹太教学》和《多难之路——犹太教》三本书。我把它们都送给了任先生，感谢他对我工作的支持。

二

　　2002 年 12 月 23 日，我承担的所级重点课题"当代犹太教"被评为优秀课题结项。我很高兴，下午打电话给任先生，告诉他这件事。任先生说："这是应该的，犹太教是我国的空白学科，你做得很好！"他认为我的前期工作做得很充分，建议我继续申报研究犹太教的课题。

　　接下来的几年，我一直不断地申报所级、院级和国家级犹太教研究项目，可是由于某些方面的原因，始终没有申请到。有一天，天下大暴雨，我心里难过极了，就给任先生打电话，就"报国无门"、没有人支持我搞犹太教研究的事，大发了一通牢骚。任先生安慰我说，他也遇到过这样的事，别灰心，人总是有一个认识理解过程。他说，我和段琦一样，有韧劲，干得很好。

　　过了些日子，任先生又打电话来，让我千万别放弃犹太教，搞到这份儿上不容易。

　　由于始终申请不到任何课题，不甘荒废时间的我，决定利用自己的外语优势和专业特长，到立陶宛和中东欧地区作犹太教历史调研。因为，在纳粹大屠杀之前，这一地区曾经居住过上百万的犹太人，犹太教对这一地区有过深厚的社会与文化影响。因此，自2004年到2006年，我每年都要去中东欧地区进行实地调研。

　　2006年，我申请去匈牙利和斯洛文尼亚的报告得到院里的批准，但往返飞机票需要自理。我很着急，向有关部门申请解决。任先生知道这件事后，马上问我："小黄，需要多少钱？"我说："我买海南航空公司的票，最便宜，往返票大概要七千多元钱。""你别争了，这机票钱我给你出！你有钱还给我，没钱就算了！""那怎么行，任先生，小黄已经不是当年的小黄了。有您的支持，我动力更足！"后来，有关部门帮我解决了这个问题。我马上向任先生报捷，他正在吃饭。"任先生，我是小黄，斗争胜利！""哈哈哈哈！哈哈哈哈！"任先生朗声大笑地祝贺我。

　　每当我从国外回来，我都向任先生详细地讲述我的调研活动和成果。一讲就是几个小时，任先生总是津津

有味地听着。不时向我提出各种他感兴趣的问题。

2006 年，在所、室领导的帮助下，我终于申请到国家社会科学基金一般自选项目"犹太教通史"的课题。我马上打电话告诉任先生，他也为我高兴。

以后的年月里，我跟任先生通话时，经常讨论犹太教和中东问题。他几次问到我对阿以冲突的宗教根源，耶路撒冷在世界宗教史上的重要地位等问题的观点和理由。我毫无顾忌地阐述着我的想法，任先生时不时地跟我争辩，表明他的看法。但我依然坚持我的观点，摆出各种根据与理由。任先生对我的唐突冒犯非常宽容。我也给他讲我在以色列希伯来大学当研究生时的经历，在以色列实地考察的情况与故事，任先生听得非常专注。

当任先生得知以色列驻华大使馆邀请我为该馆的《犹太教》（英译中）专刊校审后，叮嘱我一定要送他一本《犹太教》专刊。

三

2007 年初，《宗教词典》修订版出版工作启动。任先生打来电话，让我承担《宗教词典》修订版"犹太教"词条的撰稿任务。他说："不要受高望之（我的老上级，《宗教词典》原犹太教词条的编写者）词条的约束，词条由你自己来定夺。要把最基本的词条列上。与基督教相同的词条用参照，词条写法要简而精。"

后来，我跟任先生通了几次电话，我们大部分时间是谈《宗教词典》。任先生把这本词典当作自己的孩子一样珍爱。任先生问我对这本《宗教词典》修订版的想法，我就词条编写、书籍装帧、出版炒作等方面提出了自己的想法。任先生都认真地一一记下来。我说我希望把"巴尔·科赫巴"这一词条从基督教词条中划到我的犹太教中，这样可以承上启下，另外也提到个别词条的重复现象。任先生让我把它们都单独列出来，写在纸上，交给他。我还谈到今后想申报东欧犹太教及其他宗教的研究课题。任先生说："对，这对别人也是一个交代。"

2007 年 12 月 11 日，我给任先生打电话，告诉他我已经把词条全部写完了，并且校对了好几遍了。为了能充分体现出犹太教学科的整体框架，我希望能在此基础上，再增加一些必要的词条。任先生让我先把稿子打成 4 号字交给他，他要先看一下。他还初步答应让我再加上 3000 字的词条。

2007 年 12 月 18 日，我按照任先生的要求，把打印好的所有词条和有关说明托人带给了任先生。

2007 年 12 月 25 日，一大早，我枕边的手机突然响起铃声，我看了看墙上的钟，6 点还没到。谁这么早给我打电话，我迷迷瞪瞪地拿起电话。

"小黄，我是任继愈！""啊?! 任先生！"我一激灵，立刻醒了。

接着，就听任先生兴奋地说，"你的词条我已经都改完了，我学到了很多东西。你的稿子全是第一手材料写的，很鲜活，风俗部分写得非常好，给我留下了深刻的印象。没有做过实地考察，是写不出这样的稿子的。总的印象是比原来高望之的稿子上了一个台阶，为新版词典增色不少。小黄，我收你当学生！"

我都愣了，呆呆地看着电话，半天才反应过来。任先生可是学术大家呀！他肯收我当学生，这可是对我的犹太教研究工作的高度认可与肯定。我马上对着手机说："任先生，谢谢您！谢谢您！"

任先生接着说："我不懂犹太教，有些叙述感到啰嗦些，但不敢大改，怕……词条的主要内容受到影响，都用铅笔，随时可以擦掉，只可供参考。"多谦虚的老先生呀。

接着他告诉我，下周二，国图的司机师傅将去我们所取东西，顺道把他修改好的词条带给我。

周二到了，我一到所里，曹家祥（宗教所办公室副主任）就告诉我，任先生的司机师傅找我。到了室里，曾传辉和黄奎告诉我，任先生托人带给我一包东西。我接过来一看，任先生用我给他送稿子的信封，装回了他改好的厚厚的一沓词条。信封上面写着：

宗教所

黄陵渝同志

任继愈　2007.12.25

信封里面，除了词条外，他还用北京图书馆的老信纸给我写了一封信。

小黄：

看了词条，长了不少知识。词典有词典的体例，不要议论，也不要辩难，只要陈述，而且要简练。

我不懂犹太教，有些叙述感到啰嗦些，但不敢大改，怕影响了词条的主要内容受到影响，都用铅笔，随时可以擦掉，只可供参考。

　　总的印象是比原来的高望之稿上了一个台阶，为新版词典生色不少。

　　祝新年好，全家好。

任继愈

2007. 12. 25

　　　　台历一份，附去。

　　我翻阅着任先生给我改好的稿子，从那些铅笔字上可以看出，作为90多岁的老人，任先生写字时已经哆哆嗦嗦了。他一只眼睛早已失明，另一只眼睛度数也很低，为修改我的词条，他一定克服了很多困难与障碍，花费了不少心力。

　　当天晚上，我给任先生打电话，讲了室里同志看到他的来信和修改的词条后的有趣反应，任先生听得直哈哈大笑。接着，我无限感慨地说："任先生，大家就是大家，不得不服啊！"任先生没说话，沉默了一会儿，说："小黄，你的稿子全是第一手材料写的，很鲜活，风俗部分写得非常好，给我留下了深刻的印象。没有做过实地考察，是写不出这样的稿子的。"

　　2008年3月4日晚上，我给任先生打电话聊天，我提到研究藏传佛教的杨化群。他曾经做过喇嘛，考上格西。西藏和平解放后，他在《西藏日报》当文字翻译，因为翻译错了两个字，被抓进监狱，关了10多年。1982年，任先生做主，招聘他到我们所从事藏传佛教研究。我问任先生，在当时还很极"左"的情况下，为什么敢冒那么大的风险，招聘杨化群先生。任先生说："小黄，我很关注我们没有的学科，比如犹太教，我们一直没有人做。虽然我们很熟，但是我关注犹太教并不是因为我们很熟，而是因为犹太教一直没有人做，我才关注它的。当时藏传佛教做的人很少，所以我关注它。"

2008年11月底，任先生打来电话说，我托人带给他的我的新作《犹太教》（中国社会科学院研究生重点教材，2008年5月出版，我11月中旬才拿到书）他收到了。他仔细地翻阅了一遍，他觉得这本书的装帧很大气，版式设计的不错。书的构思、谋篇、布局都很好，内容很充实。谢谢我送他这本书。任先生接着说："小黄，你的作品含金量高，因为你是通过实地调研搞到的，都是第一手资料，不是靠第二手甚至三手材料写的。"听到任先生这样的肯定，我非常高兴。

我对任先生说："任先生，长江后浪推前浪，江山自有人才出。我知道我的学历不够，知识不足，但是我希

望利用自己已经掌握的有限知识，搭起一座帮助大家了解犹太教的平台，以后的博士生、博士后等高学历人才可以借助它，对犹太教进行更深入、更广泛的研究。"任先生马上肯定了我的想法，说："小黄，你有这个想法，很好！"

后来，任先生因为不断打着嗝，不得不住进北京医院，再也没有出来。任重说，任先生打嗝越来越厉害，后来发展到1分钟打37个嗝。段琦（她曾是北京大学生物系的高材生）告诉我，她怀疑任先生的癌症已经扩散了，打嗝是癌扩散细胞的变异反应。北京医院对任先生的医学检查证实了段琦的判断，任先生的癌细胞已经扩散到全身，包括整个血液、骨骼中。

2009年7月5日，我往任先生家打电话，希望会有医学奇迹出现，他的病情会有所缓解。任重接的电话，他告诉我，任先生的病越来越重了，根本出不了医院了。"不过今天早上他还提到你，说国内的犹太教研究还需要加强，黄陵渝对国内的犹太教研究做出了很多贡献，下午他就昏迷了。"听了任重的话，我心里沉甸甸的。任先生都病成那样了，还惦记着国内的犹太教研究，让我深深地感到肩负的重任。以后，任先生再也没有醒过来，7月11日任先生与世长辞了。

　　任先生，您安息吧！我一定牢记您的嘱托，为进一步加强国内的犹太教研究，为增进中犹人民之间的了解，为人类的和平与繁荣，努力、努力、再努力。

有情有义的任继愈先生

黄陵渝

任先生走了，永远地走了，再也见不到他了。

我眼前不断浮现着任先生生前的形象。任先生有一种骨子里透出的儒雅之风，这是中外所有见到过他的学者的共识。他从骨子里透出的书卷气是千人难寻的，极为罕见的，即使在中国科学院院士中也找不出几位。在任何场所，只要任先生出来，就是一个众人瞩目的亮点，气质上的超脱独逸是难以形容的。

我脑子里一直回响着前年（2008）2月的一天晚上，任先生在电话里对我说的话："小黄，你知道吗？我今年都93岁了。""您都93岁了？""你知道我为什么能活得这么长吗？""不知道，为什么呀？任先生？""因为我从来不害人。"

这些天，我一直在网上、报刊上看追悼任先生的文章，很受启发。我想我也应该写写我所了解的任先生。毕竟，我在他手下担任过 8 年外事秘书。更何况，近些年来，我经常跟任先生打电话，聊天。我想我多少了解些晚年的任先生。我把自己的文章构思向任先生的女儿任远教授作了汇报，她认为很好，材料很丰富，同意我这样写。于是，我冒昧地写下这篇文章，以表我对先生的敬意与哀悼。

一 相濡以沫的夫妻情

我跟冯先生（冯仲芸女士，任先生的夫人）接触并不多，但依然能感受到任先生与她之间相濡以沫的夫妻情。

记得好多年前，一天，所里让我陪任先生。因为，当天下午他要在人民大会堂就鉴真大和尚东渡日本弘扬佛法之事讲演。此前，我陪任先生去别处办了一些事。该吃中午饭了。我对任先生说："任先生，我没地方吃饭。"任先生愣了一下，马上说："小黄，你跟我回家吃

饭去。"

到了他们家，不知道我会来的冯先生，已经把他们俩人的饭做好了，是米饭和空心菜炒肉丝。咦?! 我愣了，堂堂大学者就吃这么简单的饭呀?! 冯先生亲切地说："小黄，任先生刚刚告诉我，你要在我们家吃饭，我来不及准备，只好将就了。"她和任先生不断地给我夹菜，结果有限的肉丝都被我吃了，两位老人全吃素了。

2004年，我从立陶宛调研犹太教历史与宗教文化回来。我往任先生家打电话，恰巧是冯先生接的。我简单地介绍了一下我的调研情况。冯先生马上说："小黄，任先生现在上班了。你中午一定要来电话，给他好好讲讲，他可爱听这些事了。"我疑惑地问："任先生不睡午觉吗?"冯先生说："他不睡午觉。我们现在是晚上8点开始睡觉。8点以后，我们把电话停了，谁来电话我们都不接了。你一定要来电话啊! 他爱听!"

中午1点半，我又往任先生家去电话，任先生的声音一下子就传过来："小黄，怎么样?"于是乎，就听我哇啦哇啦、滔滔不绝地讲，任先生哈哈哈地乐，时不时非常有礼貌地说："小黄，对不起，我可以插问一句吗?"我足足汇报了快两个小时，才打住。终于"谦虚"地说：

"任先生，今天我就汇报到这里吧！"任先生还没听过瘾地说："小黄，欢迎你继续汇报！""哈哈哈哈！"我们俩不约而同地大笑起来。

不久后的一天，我给任先生打电话，聊起我去拜访我们所的一位梅开四度的同事家，他的家就像招待所一样的洁净、冷清。我开始发表谬论："任先生，我觉得家就应该乱点，太整洁了，就不像个家了。"任先生沉吟了一下，说："对！小黄，夫妻还是原配的好，半路过的怎么也不如原配的好。你说呢？"他问身旁的冯先生，冯先生马上应和着说："对！夫妻还是原配的好！半道过的还是不行。"

让我刻骨铭心地体会到任先生对冯先生的深厚挚情，是在冯先生（冯先生是心脏猝死，20分钟的工夫，人就去世了）的追悼会上。那是在2005年6月9日，星期四，一大早，天降倾盆大雨。我想老天都在悼念冯先生。又想下这么大的暴雨，来参加冯先生追悼会的人一定不多，没想到来了好多人，不少都是国内著名的大人物、大学者。

我去拜见任先生，端着我在路上刚刚写好的《悼仲芸先生》的挽诗，念给他听。

悼仲芸先生

惊闻先生乘鹤去，

痛惜文坛陨巨星；

为君仙逝滂沱泪，

难抒我辈哀婉情。

没想到任先生一听完，哗地泪流满面。

看到任先生这么难过，我也非常伤心。要知道，任先生向来是不动声色，控制自己情感极其严格的人。即使在他非常生气时，他也不表露出来，只是脸上的肌肉稍稍扯动一下。任先生的热泪纵横让我深深体会到他对冯先生的挚情挚意。

二　任先生关心老先生

任先生同郭朋先生都是国内研究佛教的大家，但来往不多。因为，我跟郭朋先生（我称他为郭伯）都住在鲁谷，所里委托我多照顾郭朋先生，所以我常去郭朋先生家，看望他。任先生知道后，经常向我问起郭朋先生的情况。2006 年郭朋先生因病去世了。有一天，我跟任先生讲起郭朋先生临去世前的情况。"任先生，您知道吗，郭伯走前，有一天早上，他突然起来，穿上最好的衣服，穿得整整齐齐，坐在那里，不肯躺下，家里人怎么劝他都不行。他说：'任先生要来看我。'那天恰恰是雅滨（杨雅滨，中国社会科学院社会学研究所前副所长）告诉您郭伯病重的日子。郭伯一直在等您，您没有去，过了几天，他就走了。"电话那头的任先生痛哭起来，说："小黄！我没有去，我不知道他在等我。我要知道他在等我，我一定会去的！"

任先生不仅惦记郭朋先生，还关心所里的其他老先生。2000 年 1 月 10 日，天气极冷，雪花处处飘飞，我们去八宝山给所里的老总编张林翰先生送葬，任先生也来了。遗体告别后，我怕地上雪滑任先生会摔倒，陪着他走向等候他的汽车处。路上，任先生一直感叹着："林翰去世了，太可惜了！林翰这个人特别好！他是一个非常好、非常好的人！"

任先生多次向我问起孔繁（宗教所前党委书记）、吴云贵（宗教所前党委书记、所长）、于本源（宗教所前副所长）、李富华、李振远、曹琦、王镇、高建章、于锦绣、郑天星、沈翼鹏、李文厚等老先生的情况。

我尽自己所知，讲给他听。我告诉他于本源先生每

次来所时，都是穿着运动鞋，迈着矫健的步伐走向办公室，令人不禁想高唱运动员进行曲。任先生听得直乐，连声赞好！任先生说："他肯定经常锻炼。"后来，于本源先生告诉我们，他退休后，每天沿着北海公园的湖边溜达半圈，印证了任先生的判断。

2006年6月的一天，乐峰先生来到我们办公室，告诉我，《俄国宗教史》一书（我们共同承担的国家社会科学基金项目）的出版经费不够，任先生听说后，决定亲自出资，垫上所缺的那部分经费，帮助这本书出版。我说："干吗让任先生出钱呀？！院科研局现在有一个《国家社会科学基金文库》出版项目，只要我们的项目被评为优秀，就可以出书不要钱。"乐峰先生听后，急急忙忙去科研处问询此事。当天，我就把这件事告诉了任先生。后来，任先生几次来电话，一直关心这笔出版经费解决了没有，直到这件事最终落实，他才放心。

2007年春节前，所里举行团拜活动，乐峰先生来到我们办公室，坐在沙发上，一边摩挲着肚子，一边说："小黄，我今年80岁了，我准备再活上10年。"当晚，我把乐峰先生的"宏伟计划"汇报给任先生。任先生立刻明确指出："目标定得太低了！"

任先生最后一次住院前，宗教所召集离退休的老共产党员来所开会。会议休息时，许多人听说了任先生得癌症的消息，都感到很震惊，过来向我打听具体情况。我就我所知道的情况一一告诉了他们。晚上，我打电话给任先生，告诉他这件事，他得知那么多老同志都惦记着他，非常高兴与欣慰。

有一天，任先生来电话，又问起一些老同志的情况。我想任先生可能不方便自己问，就毛遂自荐地给各位老先生打了电话。当我给高建章先生打电话，告诉他任先生想他了，让他给任先生去电话，介绍一下自己的情况后，高先生连声说："我得去找棍子！我得去找棍子！"我不解地问："您找棍子干什么？"高先生说："我有罪！我有罪！我没有经常问候我的老师，却让我的老师惦记我，我有罪！我有罪！我得找棍子打我自己一顿！"我觉得太可乐了，马上把这件事汇报给任先生。任先生听了，哈哈大笑。过后，任先生来电话说，高先生给他去电话了，着实好好地检讨了一番。

三　任先生关心中年人

任先生不仅关心老先生，也很关心我们中年人。戴

康生去世后，任先生一直关心段琦生活和工作的情况，这使段琦非常感动。

前年（2008），我无意中跟任先生提到他的学生王志远近来非常高兴，而且是发自内心的喜悦。任先生好奇地问："为什么？"我说："我刚刚发现，他有孙女了。""哈哈哈哈！"任先生朗声大笑着说："他当爷爷了！"

任先生一直认为张新鹰（院网络中心党委书记，宗教所前副所长）是一棵好干部苗子，他一直关注着新鹰的成长。有一次，他对我说："小黄，在对社会困难的捐赠中，新鹰是捐赠最多的干部之一。""是吗？""是，我一直关注着这一点。"

任先生还很关心曹中建（宗教所现任党委书记）、吴军、张雅平、曹家祥等宗教所"小老人"的情况，每当我给他讲起时，他都津津有味地听着。当我告诉他，曹家祥已经被提拔当副处长时，任先生哈哈大笑地说："哈哈哈哈……小曹都当上县太爷了！祝贺他！"

四　任先生关心年轻人

有一次，我给任先生打电话时提到：国内的一些年轻的宗教学者对任先生非常崇敬，在他们心里，任先生就是神。他们都不敢看任先生，更不敢跟他说话。电话那头的任先生没有说话，我却听出他一直在憋着乐。最后，他实在忍不住了，哈哈大笑，后来，一边笑一边说："说我是'神'，哈哈哈哈！哈哈哈哈！小黄，我可是中国无神论学会的会长呀！说我是'神'，哈哈哈哈……"

还有一次，我给任先生打电话，提到所里有的年轻人说，任先生非常了不起，因为毛主席看中的人没有几个。我的话音刚落，任先生马上说："那毛主席还看上林彪了呢！"天呀，反应速度如此之快，这脑袋得有多少转儿呀？任先生可是90多岁的人了！

邱永辉刚刚调到我们室当主任时，任先生来电话，嘱咐我说："小邱很年轻，刚来不久，有很多情况不了解。你作为老同志，在工作中一定要帮助她、支持她。"我认真地答应下来。

任先生非常关注宗教所的年轻人，他知道卢国龙的道教研究功夫很深，还告诉我卢国龙和中国道教协会副会长张继禹先生是很好的朋友。他也知道我们研究室副主任曾传辉对道教研究有不错的功底。

他常问起何劲松、张总的情况。有一次，我告诉他，何劲松在一个会上谈到我国某地学者根据"五行相克"

的说法，发现了大幅度降低吸毒患者复吸率的植物之事，任先生听得非常入迷，让我把整个情况详详细细地介绍给他听。当我告诉他，何劲松现在是国内著名书法家时，任先生非常高兴。

任先生对宗教所办公室主任方继水和科研处处长霍群英也很熟悉。有一次，我告诉他小方和小霍都病了，任先生焦急地问："什么病，好点了吗？"关切之情，让人感动。

五　关心天下人的任先生

任先生不仅关心宗教所的老少同仁，还关心天下其他人。他非常关心教育，两次主动请缨到中央电视台的"大家"栏目谈中国的教育改革问题。受到了国内外人士的强烈关注。宗教所退休后移居美国的陈恩明副研究员告诉我，美国的华语电视台反复播放这两期节目，引起美国华人的强烈反响。我想，后来我国高考制度出台的平行志愿选择跟任先生的建议多少也有些联系。对此，南京大学犹太文化研究所所长徐新教授说："太好了！这是造福于千秋万代的大事！"

　　我总是隐隐感到任先生是位通天人物。我每次从东欧回来，都要向他介绍东欧人关注的中国问题：包括环保问题、西藏问题、中国的人口政策问题等。我也谈到我自己感觉中国应该建立世界文明博物馆，博物馆应该设立免费开放日等想法。我发现不久之后，国家都会有相应的措施或政策出台。后来，有人告诉我，任先生经常就有关问题，给中央写信、写报告或写建议。我想这一切或许都不无联系。因为任先生爱自己的祖国，关心天下人。

结　　语

　　2009 年 7 月 17 日我去八宝山最后送别任先生，那天特别冷，天下着大雨②，冰冻的雨水打在身上，让人从心里冷得发颤。

　　快到八宝山时，我看到一位 80 多岁身体单薄的老人打着雨伞，衣服大半已经被淋湿了，嘴都冻青了，我想他回去肯定会发烧的。他哆哆嗦嗦的声音告诉我，他是

---

　　②　在举行任先生和冯先生的遗体告别会时，老天都降下暴雨，仿佛哭着为二老送行，不能不让人联想到"天人感应"。我跟任远谈起此事，她也称奇，"真是感天动地呀！"她说。

北京师范大学的教授，因为下雨打不到车，只好坐公共汽车来。他又说，他是西南联大附中的学生，任先生曾担任他们班的国文教师。这几年他们班同学聚会，任先生每年都参加。今天，他们班的同学都会冒雨来送任先生。

到了八宝山灵堂，我看到许多上了年纪的中共中央委员、人大代表、政协委员、老学者、老先生们都冒着大雨来送任先生。他们的衣服也大多都被淋湿了，不少人回去，可能会生大病。他们都全然不顾了。任先生以自己厚重的学识、罕见的人格魅力和宽厚待人之情赢得了大家的尊重和爱戴。

向遗体告别时，我在任先生的遗体前，庄重地鞠了三个躬，默诵了我刚刚写出的告别诗：

雨中送别任继愈先生

任公作古天公泣，

日际沉沉银泪挥，

为感先生碧血心，

学人齐来送鹤归。

烈士暮年　壮心不已

——追思我心目中的任继愈先生

习五一

　　任继愈先生是一代宗师。我在青年时期就久闻其大名。任先生主编的《中国哲学史》四卷本，是文史哲专业的大学生必读的经典著作。但是，真正有机会零距离地接触任先生，却是在先生90岁高龄之后的岁月里。如杜继文老师所说，任先生在89岁辞去国家图书馆馆长一职后，集中精力做两件大事。一是整理中国传统文化的经典文献，启动《中华大藏经·续编》的工作；一是推动科学无神论事业的发展。正是这后一项工作，给我带来与任先生结识的契机。在与任先生的交往中，使人耳濡目染的哲人风范，不仅仅是他的睿智敦厚，晚年的任

先生追求真理的铮铮铁骨，更是令我刻骨铭心！正像曹操在《龟虽寿》中咏颂的那样，"老骥伏枥，志在千里；烈士暮年，壮心不已。"

2005 年 11 月 13—14 日，中国无神论学会召开代表大会，推举我接任李申老师，担任第三届理事会的秘书长。在开幕式上，任先生的讲话言简意赅。他说："无神论学会责任重大，它关系到上层建筑问题，关系到国家兴亡问题。……因为无神论是我们国家的立国之本。中国共产党领导人民群众进行革命和建设，把马克思主义思想作为指导思想，就是要劳动人民自己解放自己，创造幸福。……如果无神论在我们国家站不住、立不稳，老百姓安身立命要靠求神，那么我们立国就失去了根本，就可能国家衰败。这是一个根本性问题。"这是我第一次聆听任先生讲无神论学会的责任重大，关系到国家兴亡。先生的历史使命感很有感召力。虽然，当前无神论事业面临种种困难，但任先生鼓励大家说，他已经看到了曙光，接力棒要永远传下去，无神论事业的前途远大。战斗仍未有穷期，来日方长，大家要互相勉励，要共同努力，创造美好的前景。

11 月 17 日，中国无神论学会在国家图书馆召开理事长会议，任先生亲自主持。先生指出，无神论的宣传教育工作是一项长期的战略任务。随着中国社会主义事业的蓬勃发展，马克思主义思潮正在复兴。科学无神论思想是马克思主义重要的理论基础之一，也将面临新的发展机会。我们要振奋精神，努力推进各项工作。

2006年3月2日，我和杜继文老师、李申老师一起到任先生家，商议无神论的宣传工作。那是我第一次到任先生家谈工作。虽然来访者都是学生、晚辈，但先生一一让座，亲自端茶倒水，送上水果。他见我注视客厅里的一幅国画，便起身带我一起欣赏。他说："这是李可染画的牧童，你看这个孩子的眼睛多生动传神！"那天，讨论文稿时，先生视力不佳，由我来读。他全神贯注地边听边想。数千字的稿件读完后，他立刻发表修改意见，杜老师当场记录在文稿上。这位90岁高龄的前辈，思维敏捷，见解很有风骨，让我有点惊讶。杜老师尊师重道的风范，也给我留下深刻的印象。工作结束后，任先生说："五一是稀客，今天不散步了，我们大家聊聊天。"任先生带头讲述各种新闻故事。我发现，这位深居书斋的老人，对天下大事颇有见闻。这天在任先生家讨论的文稿，后来刊登在《北京日报》3月20日的理论周刊上，题目是"要理直气壮地宣传科学无神论"，由任先生亲自署名。

　　此后，到任先生家商议工作，成为我人生的乐事。我相信，这位大智大勇的老人一定会长寿。他辛勤耕耘，乐此不疲，他应该享受长寿的快乐。

　　但大江东去，岁月催人。2008 年 4 月 20 日，我和杜继文老师、李申老师又一次到任先生家，商议海外无神论丛书的编译出版工作。那天，在任先生家的客厅里，摆放着一个富丽堂皇的鲜花篮。我感到有点奇怪。先生生活俭朴，不尚奢华。记得这年春天，他托杜老师给我带一幅字，装在先生老家山东省平原县委的旧信封里。信封封面由先生亲手贴上一小张白纸，上书：烦交习五一同志，任缄。收到这份礼物，我很感动。为先生的题字感动，先生的墨宝是："锲而不舍、金石可镂。二千又八年，习五一学友共勉。任继愈"；也为先生的节俭感动。记得李申老师说，先生与同事朋友往来，用的都是旧信封。那些需要翻新的，许多时候先生都是自己动手。直到 20 世纪 90 年代后，由于实行邮政编码，这一情况才有所改变。但这封信是由杜老师转交的，任先生以 92 岁的高龄，又亲手加工旧信封。这是任先生留给我的最具珍藏价值的礼物。

　　这时，在一旁的李申老师似乎看出我的心事。他悄悄告诉我一个秘密。他说："4 月 15 日是任先生的生日。他一生拒绝祝寿。因此，他的生日日期保密。国图有任先生的档案，生日日期保不住密。这是国图给任先生祝寿的花篮。"这样，细细算来，任先生已是92岁的高龄了。那天，任先生、杜老师、李老师和我一起合影的照片，刊登在《科学与无神论》2008年第3期上。

2008年初夏，任先生因前列腺肿瘤住院动手术。出院化疗期间，他已经知道来日不多，在生命的最后日子里，他加快了工作的节奏。记得8月7日傍晚，任先生给我打电话说："这期的《科学与无神论》刊登你写的《西藏问题古今溯源》。我从头到尾认真地读了一遍。这篇文章写得好。你可以再写一个续篇。全国人大通过的《反分裂法》，不仅是针对台独势力的，也适用其他民族分裂势力。西藏'拉萨3·14暴力事件'就是藏独势力要分裂祖国。"当时，我只知道任先生视力不好，读这样一万字的长文，一定很吃力。现在看来，任先生已知道将不久于人世，想用生命最后的时光，鼓励晚辈上进。在这次通话中，任先生主要和我详细地讨论了无神论学科的建设工作。后来，听杜老师说，任先生从北京医院化疗出来，拄着拐杖，到社科院，面见陈奎元院长，商议如何推动无神论学科的建设。正像李申老师所说的，

任先生真是"鞠躬尽瘁，死而后已"，"一息尚存，此志不懈！"

2009年新年伊始，任先生给我打电话，约我1月4日上午到他家，当面谈一谈无神论研究机构的建设问题。当我看见任先生时，心情有些沉重。他身穿着一件绿色的睡衣，满目沧桑，神情凝重。这是我第一次看见他穿睡衣见客人。他对我说，一定要找你单独谈一谈。任先生充满忧虑地说："我亲手开创的宗教研究和无神论研究，现在都令人担忧。宗教研究，有些人迷失了方向；而无神论的研究后继乏人。现在需要建立一个无神论研究机构。你看，这个机构设在宗教所好，还是设在马研院好？"我回答任先生说："各有千秋，关键是领导下决心。"任先生告诉我："现在看来，这个机构设在马研院比较有利于更快地开展工作。"任先生注视着我说："你能不能把这个担子挑起来。"我说："我的专业背景是历史学，无神论学科的建设需要哲学素养。如果一时没有更合适的人选，我愿意努力工作，参加无神论研究机构的建设。"任先生一再叮嘱说："我们已经商定好，明天，我就贴张邮票，把给陈奎元院长的信寄出去。"现在想起来，真有点后悔。我不知道任先生已身患恶疾，将不久于世，在谈话中，我始终四平八稳，留有余地，有点辜负了先生的一片苦心。

那天，我爱人陪我一起见任先生，他是个业余的摄影爱好者，给我和任先生照了许多照片。没想到，这些照片就是我和任先生的最后留念。每当看见任先生和我谈话的照片，老人家满头的白发，满脸的凝重，充满焦虑的眼神，我就不禁热泪滚滚，心绪难平。

2009 年 4 月 17 日，我和杜老师一起到北京医院看望任先生。那天，任先生神志清醒、谈吐清晰。杜老师向任先生汇报他关心的两件大事。一是《中华大藏经·续编》的工作；一是无神论的学科建设。在谈到第二届世界佛教论坛上，主持人宣布，杜继文代表任继愈先生作大会发言时，任先生点点头，高兴地笑了。最后，任先生紧紧地握住我的手说："终于找到你这样的接班人，我放心了！一定要把科学无神论的研究机构建设好！"任先生的手温暖有力，余温至今尚存心间。离开病房后，杜老师说，希望任先生能挺过这个夏天。

6 月 24 日，我从新疆调研回北京后，约杜老师再去看望任先生。杜老师告诉我，任先生的前列腺肿瘤是恶性的。他自己早就知道，但瞒着大家，现在已处于昏迷状态。7 月 11 日凌晨，任先生终于撒手人寰，永远地安息了。17 日，任先生遗体告别那天，苍天有情，泪雨倾

盆，望着任先生深邃的目光，我默默地说，请先生放心，
我们一定像您一样坚忍不拔，百折不挠，将您的遗愿化
为实际的宏图！

2009 年 9 月 26 日

宗教学家任继愈

魏德东

　　在宗教学界，不知从什么时候起，任继愈先生被尊称任公。7月11日，这位当代中国宗教研究的奠基人最终走完了人生的旅途。任公对于佛教、道教、儒教都有精深的研究，对于宗教学理论有独特的见解，他又是中国无神论学会的理事长，还被称之为马克思主义者。至今老人家魂归何处，怕是常人难以揣摩。唯祝愿他一切如愿。

　　就我个人而言，与任公并没有什么特殊的交往。在中国社会科学院世界宗教研究所工作的时候，曾经在所里见过任公，但不曾有机会交谈。另外的机会，就是在会场听老先生演讲了。记得读硕士的时候，听过先生的

一次演讲，他强调中国社会自秦代以来的主要矛盾，就是政治上的大一统与小农经济的分散。我感到很新鲜，就和导师方立天先生汇报，未想方先生说，这是他一贯的说法，好几十年了。汗颜！再一次谛听任公教诲，是在2003年中国人民大学为方立天教授的著作《中国佛教哲学要义》举办的首发式上。那天，任公说了不少话，我记忆深刻的是，他提出，现在的青年学者似乎都缺乏自信，博士是学术的最高学位了，博士生本应有雄心壮志，但现在的很多博士生总觉得自己不行，认为随便做做就行了，没有为往圣继绝学的气势。这使我体会到将教书作为谋生手段的所谓教授与大师之间的差异。

使我对任公一直持有高度尊敬的原因，主要有两个。一是先生的法相唯识哲学及佛教思想研究；二是先生对新中国宗教研究的推动。

我的硕士和博士论文，写的都是法相唯识宗哲学思想。在阅读过的近人著作中，熊十力先生的《佛家名相通释》和任公的《汉唐佛家思想论集》给我留下的印象最深。两者的共同点都是以现代思维方式分析古代的佛学概念和思想。任公关于法相唯识宗哲学的某些具体判断，我可能未必完全同意，但任公以现代学术理念理性地分析唯识思想的路向，特别契合我的心态；而任公能以现代白话文较为准确而典雅地表达深奥复杂的唯识思想，举重若轻，在我看来，今人仍少有超越。由此我也体会到毛主席称赞他的文章"凤毛麟角"，非虚言也。

任公的另一大贡献，就是 1964 年领导成立了中国科学院世界宗教研究所。这一在毛主席直接指示下成立的宗教学术研究机构，不仅为今天的宗教研究奠定了基础，也为中国学术赢得了荣誉。在多个国际学术会议上，当我提到 1964 年宗教所成立的时候，无不引起各国学者的极大震惊。有些外国学者似乎不相信自己的耳朵，进一步追问这个所是在台湾还是北京，我告诉他们是在北京。台湾的"中研院"，至今不曾有宗教研究所，而大学里公立宗教研究机构的成立，也要晚于北京 30 年，以至于有些台湾学者半开玩笑地说大陆"不喜欢宗教，但喜欢宗教研究"。

世界宗教研究所的意义，是在中国学术史上，确立了以理性、科学的方法研究宗教的路向，至今仍有现实意义。这种研究宗教的方法既不是信仰主义，也反对虚无主义。在一定条件下，这种研究方式会两边不讨好：虔诚的宗教信徒会批评其偏"左"，激进的无神论者则会斥责他右倾。不过，科学或许恰恰就在这左右之间。

任公的办所理念，也有普遍意义。进入 21 世纪，当

部分同仁在一起讨论如何推动宗教社会科学的开展时，我脱口而出"培养人才，积累资料"，其实这就是任公在20世纪60年代创办世界宗教研究所时的主张。对于任何一个新学科的发展而言，似乎都无法超越这两条。今天，当宗教的科学研究在中国渐成气候之际，在我的心底，不时地会默默地感受到任公等前辈学者思想的影响。所谓前人栽树，后人乘凉，这也算是一类吧。

任继愈先生与《中国学术思想史稿》

步近智

2006年4月，我与张安奇合作研撰的《中国学术思想史稿》入选全国哲学社会科学规划办公室2006年后期资助项目，将由中国社会科学出版社出版，并由黄燕生同志担任本书责任编辑。封面设计图样已经出来，书名究竟是用印刷体还是书写体，正在考虑之中。我们两人一致想到了任继愈先生。

过去，我们与任继愈先生只是在一些学术会议上见过面，对任先生的学术成就和高尚道德品格十分仰慕，同时也得知任继愈先生对先师侯外庐先生十分敬佩，有深厚感情，曾公开表示说：我认为自己是侯外庐先生的学生。任继愈先生对侯外庐学派的弟子们也是关怀有加。

由此，产生了请任继愈先生为《中国学术思想史稿》题写书名的想法。本书的责任编辑黄燕生编审，正是任继愈先生的学生，她支持我们的想法，立刻联系并陪同我们到任继愈先生家去请教和请题书名。

5月19日下午，我们三人来到了任继愈先生的书房。任先生和颜悦色、热情地接待了我们。92岁的学术前辈，就在我们身旁，从容不迫地翻阅了《史稿》的全部目录，从第一章"原始思维"到第十章"近代'新学'思潮与孙中山前期的学术思想"，老师高兴地说："这就是侯外庐学派！"

任继愈先生的话，肯定了拙著的学派特色，我的心跳加速，心情激动。是的，当年外庐老师教导我们要遵循马克思主义唯物历史观原理，在研究我国历史文化典籍资料时，强调要纵向的"通"而后"专"，横向的"博"而后"深"。侯外庐先生与赵纪彬、杜国庠、白寿彝、邱汉生等史学大家合著的《中国思想通史》五卷六册，成为中国思想史研究的宏伟巨著，成为侯外庐学派的开山和奠基之作。如今，《中国学术思想史稿》在"通"这一点上，得到了师辈的肯定，而不同的则是由深入浅，以求利于更广大的读者阅读汲取。

任继愈先生慨然应允了我们的请求，并与我们合影留念。

　　5 月 24 日，黄燕生编审为我们取来了先生所写的书名题签，共两条供选用。字迹挺拔而又清秀，文气盎然。

　　次日，我就挂通了任继愈先生的电话，同时也代表安奇同志向先生表示深切的谢意，并说："先生的字写得真好！"任继愈先生却回答说："不是我的字好，是你的书好。"我实在汗颜，表示只求先生多多批评指正。2007 年 1 月，拙著出版以后，我和安奇给任继愈先生送书。先生颔首微笑、雍容大气，祝贺我们的书问世。

　　这一幕幕感人情景，犹在眼前，而先生已经远去。我们永远怀念任继愈先生！

恸别任公，铭记教诲

——记任继愈先生关怀学术出版二三事

黄燕生

2009 年 7 月 11 日，注定要在我国学术史、文化史以及当代史上抹下凝重的一笔，两位蜚声海内外的著名学者、我国人文社会科学学术大师任继愈、季羡林先生相继辞世。这两位大师都曾是我们出版社的作者，而且在很多学术会议和活动中经常看到他们两人共同出入的身影，就在任公噩耗传来 4 小时之后，季先生又随之仙逝。此后两天阵雨倾泻，天公阴沉，与我们一起痛悼两位大师。

我是任继愈先生的学生，又有幸做他的责任编辑，深深感受到任先生对于学术出版的支持关怀与身体力行；更清晰地记得近年与任公的几次交谈，受益匪浅，铭记不忘。

早在1979年，我所供职的中国社会科学出版社还在初创时期，时任中国社会科学院世界宗教研究所所长的任先生就表示要扶持学术出版，并从支持自己的学术出版社做起。他很快将自己主编的《中国佛教史》交我社出版，还表示宗教所的科研成果都尽量放在我社出版。《中国佛教史》第一、二、三卷相继出版后，在国内外产生极大影响，这是新时期我国学者在宗教学领域完成的最重要的成果。台湾的出版社很快出版了该书繁体字本，日本也在此书各卷出版后第一时间翻译出版了日文本，这在我国学术界和出版界都是少有的，也为我社在学术界带来极大声誉。此外，任先生主编的《道藏提要》、荣获中国图书奖的《中国道教史》（上下卷），以及他为普通读者主编的通俗宗教史简本系列《佛教史》、《道教史》、《伊斯兰教史》等书也都由我社先后出版，引起海内外学界的关注和好评。在任先生支持下，我社的宗教类图书渐成规模，形成品牌特色，成为国内出版宗教学著作的最有影响的出版社之一。

2003年，对于艰难走过25年的学术出版社，任公语重心长地题写了"保持并发扬原有特色，开拓创新，繁荣社会科学出版事业"勉励我们；先生支持学术出版，

还体现在他对学术图书的倾情关怀，他是我社创办的"北京社科书店"的忠实读者。作为一代学术大师，任先生从没架子，朴实平易，他到社科院来，常常不事声张地以普通读者身份来社科书店小坐，浏览新书，和相识的学者、读者交谈。至今，任公题写的"北京社科书店"仍苍劲有力地悬挂在书店，成为这家在京城小有影响的专营人文社科学术图书的小店招牌。这已是书店搬迁后他满怀热情第二次书写的。

2003年7月的一天，我带了几本我社新出的书去看望任先生，他高兴地接过书，询问我的工作情况，并谆谆嘱咐道："做任何事都不要急功近利，只顾眼前利益，要考虑到长远。出版社出书也是这样。现在有些出版社就是短平快，盲目追求眼前利益。现在形式所迫，是要考虑经济利益，但也要有学术眼光，有长远打算。"还说："我们出书，我都要求编者、作者要核对引文，核对资料出处是否准确。如新出版的《佛教大辞典》（浙江古籍出版社），我都要求他们核对、检查，有相同的、抄袭的都删去。"

2008年1月18日下午，我陪同我社总编辑赵剑英前去看望任先生。赵总编汇报了出版社的近况，感谢他对出版社的一贯支持、帮助和教导。任先生以洞见一切的睿智，坦诚地说道："出版社要做强，不一定要做大，但一定要成为强社，要有自己的品牌，要做出自己的特色，形成自己的风格。"任先生还说，"大不一定就强，现在有些高校搞得很大，占地很多，教师员工队伍庞大，机构庞杂，但教育质量并没有提高，有的反而有所下降。所以，关键是做强，要有精品意识。"任先生与赵总编的交谈中，肯定了我社30年取得的成绩，表扬我们建社以来出了不少好书，在学术界产生了影响，他要我们保持这一优势，书不一定每年出很多，要出精品，出版高质量、高水平、可以传世的学术著作。任先生的话，可谓重如千钧。

2008年9月24日下午，当我听说先生罹患癌症，特地赶去看望。可我看到的，却是他一边打针输液，一边还坚持工作。在我来之前，已有《中华大典》的工作人员，送来排好的校样；《敦煌遗书》编辑组（国家图书馆）送来新出版的样书。任先生见我前来，放下手里的书，和蔼亲切地与我交谈，问我出版社最近的情况。我向任先生汇报了出版社正在准备改革，通过改革把出版社做强。先生说，出版社要像牛津、哈佛那样，出版高水平的学术著作，外国学者都想在这几家出版社出书，争取进入它们的出版计划，以此为荣。社科出版社也要

办成这样。先生还说，外国评价出版社的好坏高低，不是看它一年出了多少种书，几百种上千种，不看这个，而是看它一年有多少重印的书。我国的二十四史，不断地重印，总是有人买，以后还会不断地印，就要有这样的书。

2009年1月27日下午，我去给任先生拜年，听说先生由于身体不适躺在床上休息，我不忍心打搅，便要保姆通报并代为致意拜年。正当我要离开时，保姆告诉我，先生执意要我进去，坐在床旁和他聊天。先生虽然病卧在床，但仍思维敏捷，关注时事。他和我聊到新的东西不一定都好，一些公共设施和建筑规模很大，外表奢华，造价很高，但不实用。领导人拍板不能只考虑自己的喜好，追求外表的华丽，要考虑群众的需要，要便民。领导人要加强文化素质的培养，要有远见。故宫已经几百年了，仍然漂亮、壮观、不过时。再过几百年、上千年，仍然是它，仍不过时，不仅搞建筑、搞任何工作都要有远见。

我提到《中国佛教史》重印的事，想改版做成小16开，用5号字，封面也重新设计。任先生说，开本小一些，便于读者手持阅读；小4号字，看起来舒服，特别是方便老年人。而且20多年来广大读者已经认可了这个版本,形成品牌,开本和封面就不要改了。任先生一生都在关心大众,替别人着想,他的话令我感动。没想到这竟是我与先生的最后一次谈话,好像就在昨天。

先生辞世,天地同悲。音容笑貌,历历在目,谆谆教诲,铭记于心。

安息吧!任公!

缅怀导师任继愈先生

崔正森

    2009 年 7 月 11 日，我国著名的哲学家、宗教学家、历史学家、教育家、图书馆学家、中国社会科学院世界宗教研究所名誉所长、国家图书馆名誉馆长、我的导师任继愈先生走完了他那辛勤耕耘的人生旅程，休息了，永远地休息了。这一噩耗使我悲泪交加、十分痛心，留下了许多难以弥补的遗憾！遗憾的是，我还没有来得及去京探望他，我还没有来得及向他汇报五台山被联合国教科文组织和世界遗产委员会列入了"世界文化景观遗产"的喜事、大事！我还没有来得及请他第五次至五台山参加"五台山论坛"，我还没有亲耳聆听他最后的教诲，他就匆匆走了。孔子说："天丧予，天丧予！"难道天公不作美吗？

感动天公泪　瞻仰哲人容

　　任先生在临终前我没有见到他的音容笑貌，就是闭上眼睛我也想看他几眼。于是，16日晚上我便乘车赶往北京。17日，天濛濛，雨淋淋，天公也在为他哭泣流泪。早晨，我同中国社会科学院世界宗教研究所的同事们乘车赶往八宝山殡仪馆，冒着哗哗的雨水，怀着沉重的心情，随着参加遗体告别仪式的队伍到了东礼堂时，一见他盖着党旗，安详地躺在那里，不由地流下了嵌不住的眼泪，深深地鞠了三躬。此时，两眼模糊，心乱如麻，我也不知道该向他说些什么，只是默默地问着自己："大山其崩乎，哲人其丧乎？"当我离开东礼堂，在雨地里冷静下来之后，才意识到先生那五蕴和合之身，马上就要化散了。他将要永远地离开我们了，不，不会的，他给我们留下了许多不朽的著作，他那闪闪发光的思想火花与世长存！

三年师生情　终生铭记心

　　我认识任先生整整 30 年了。1980 年夏天，我受山西省哲学社会科学研究所的委托到中国社会科学院世界宗教研究所进修佛学，导师就是该所所长任继愈先生。那时，任先生已 60 余岁，但身体健康，衣着整齐，满腹经纶，不多言语，沉潜笃实，不说空话，一派知识分子风度。在和任先生见面之后，就听同志们说，1964 年时，毛主席看了他写的《汉唐佛教思想论集》后，曾批示"凤毛麟角"，还邀他至丰泽园和胡乔木一起座谈宗教问题，并委托他创办世界宗教研究所，用马克思主义的立场、观点、方法研究宗教问题。听到安排后，心生欢喜，觉得能有这样一位导师指导学习，是天大的幸事、好事！从此，自己就下定决心，克服困难，努力学习。

　　1981 年，我正式到了世界宗教研究所进修佛学。初始，我被宗教所办公室主任、我的老乡曹琦同志安排在宗教所食宿、学习。后来，我又被安排到香山农干校，仍同宗教所的同志们一起食宿、学习。宗教所的领导和同志们对我很好。在此住了整整 3 年，没收一点儿住宿费，反而在借阅图书、解疑解惑，甚至在生活上都给予了诸多方便。其间，任先生还给我开了一张阅读《大藏经》等图书的目录，规定两周去他家里一次，向他汇报学习进度、心得体会。他还言简意赅地给我讲解一些学习中的重点、难点，并教些学习方法。有时还布置一些题目，让我写文章。给他看后，他总是眉批、旁批、尾批，有时还当面批点，认真指导，一丝不苟。任先生这种认真负责、不辞辛劳、不要报酬、扶掖后昆的教育思想和无私奉献精神，使我终生难忘，更是我学习的榜样。

在香山农干校居住期间，任先生和曹主任还把两位博学多才、专精佛学的老先生王世安和杜继文安排为我的左邻右舍，并指示我有什么问题可以随时向他俩请教。的确，这两位朴实无华、治学严谨、平等待人、有问必答的老先生对我帮助很大，使我受益匪浅。其中杜继文先生在北京大学佛学进修班讲课时，我还聆听了他半年生动活泼的讲授，使我对佛学思想有了更加深入的理解。曾记得，当我和任先生谈到听课的收获时，任先生说："你愿意听谁讲课，我和你联系好，你即去听。要博闻强记，博学多才。"于是，我就到北大听了张岱年、冯友兰、朱伯崑、楼宇烈、魏常海、李中华、许抗生等著名教授的史料学、中哲史、《周易》、佛学等课程，还到中

国人民大学听石俊老教授讲的中国佛教资料选编等课程。其间，我又听说中国社科院哲学研究所举办佛学进修班，主讲人是张春波、虞愚、巫白慧等专家、研究员。又传闻，张春波和任先生之间有点隔阂。任先生则说："虞愚是因明专家，巫白慧还懂梵文，张春波是吕澂先生的得意门生，对佛学有精到的研究，可以去听，并要做好笔记。"于是，我又听了上述诸位学有专长、心有所得的老先生们的课程。此间，我和虞愚先生、张春波先生来往较多，一是研究探讨一些唯识问题、因明问题，偶尔也谈些生活琐事。记得有一次张春波先生说他在晋升职称时，任先生有门户之见……当时，我没有表态，只是默默听着。老实说，我不愿意陷入这种矛盾之中，怕影响我们三人之间的关系。可是，有一次任先生问我在哲学所佛学班听课的收获时，记不得是谈到哪个佛学问题时，任先生说："春波同志，学问笃实，有独到见解，敢于坚持自己的观点，但他个性较强，也得罪了一些人，如他在晋升研究员时，还是我第一个推荐的他，但被一些人提了不少意见，没有通过。第二次我又推荐他，陈述了我对他学术成果的评价，才被评上研究员。"后来，我将此事告诉了张春波先生，经过一段时间的调查核实后，张春波先生又对我说："在我晋升职称问题上，任先生确实帮了我的大忙，我不该对他有意见，这是一个误会，我应该向他道歉！"从此，两位先生言归于好，特别是任先生不计前嫌、谅解后学的豁达大度，真使人敬佩不已。

总之，我在宗教所的三年学习期间，上至所长任先生，中有办公室主任曹琦、科研处处长张伟达，下有那时还年轻的干事曹中建、张新鹰等诸多同志的关心、爱护、帮助，使我圆满完成了进修佛学的艰巨任务。结业时，任先生还给予了颇高评价，使我刻骨铭心、终生难忘。

桃李满天下　心血映花红

任先生曾是北京大学和中国社会科学院研究生院的教授，他的学生很多，分布在全国各地的各行各业，他心里总惦着他们的成长，谁有困难就给予帮助，但有机会就扶掖他们，一片慈悲心肠。受过任先生帮助的学生很多，这里不一一列举了，仅就他对我的鼓励，再说一二。1984 年夏天，我离开世界宗教研究所，回到山西省社会科学院，从事五台山研究工作。但远在千里之外的任先生还惦记着我，关心着我的工作。1987 年 10 月 7 日

中日第一次佛教文化研讨会在中国社会科学院世界宗教研究所举行。10月8日下午，任先生点名要我大会发言，介绍五台山佛教文化。我第一次向中日专家、学者、教授宣传了五台山，认识了日本鎌田茂雄等学者，开通了五台山与日本佛教文化交流的道路。会后，任先生还让我和他及日本著名学者中村元教授合影留念，给了我莫大荣幸！1989年10月，任先生还为我编著的《五台山游记选注》作序，他说："这一本《五台山游记选注》，若能有助于开拓游人的心胸，有助于为游人增添一些历史知识，那将是我们最大的欣庆。"指出了此书的价值，给了我亲切的鼓励。1994年由白清才省长主编的《山西寺庙大全》出版时，任先生又在序中说："负责编辑这本书的崔正森同志，为此付出辛勤的劳动，值得鼓励。"又一次给了我前进的动力。在2000年出版我主编的《五台山文化丛书》时，任先生还为这套丛书作了"总序"。他说："五台山是座历史名胜集中的宝山。它特殊的文化地位，使它成为中外文化交流的重要窗口。它有资格向世界介绍中华五千年的优秀传统文化。近20年来，全国经济建设和文化建设有了飞跃的发展，山西省和全国一样，经济繁荣，人才辈出。《五台山文化丛书》的问世，就是三晋人杰地灵的证明。"又一次指出了五台山的重要地位和山西是个人杰地灵、人才辈出的好地方。2002 年 8 月 8—11 日，任先生在五台山召开的《五台山佛教文化国际学术会议上的讲话》中又进一步指出："中国以前没有《五台山佛教史》。自从五台山研究会成立以来，崔正森同志写了一部《五台山佛教史》。这是前所未有的一项著作，是一项开创性的研究工作。"给了我极大的支持、鼓励、赞扬。任先生对我鼓励很多，支持很多，帮助很多，这仅仅是其中几桩。因此说，任先生不仅是我学习佛学的启蒙老师，更是我学术研究上的导师、恩师。

身在北京城　恬念五台山

子曰："仁者乐山，智者乐水。"任先生热爱人民、热爱祖国的大好河山，尤其热爱、关心五台山的建设和发展。这是因为，五台山距离首都北京不远，是京畿之右臂、大国之屏蔽，为历朝历代的战略要地；五台山海拔 3061 米，是东经 110°以东亚洲最老最高的大山；五台山有早于 25 亿年的古老的地质构造、显明的土壤、植被垂直带谱和保存完好的冰缘地貌、冰川遗迹，为国家级的地质公园；金元之际的著名诗人元好问曾说："山云吞

吐翠微中，淡绿深青一万重。此景只应天上有，岂知身在妙高峰。"任先生说："祖国有悠久灿烂的文化和近代革命传统，又有奇伟瑰丽的名山大川。山川的自然风貌与光辉的历史遗迹荟萃于一炉，就更生动地体现了中华民族的特点。"五台山正是这样一个屈指可数的名山，它不止是山西人民的明珠，也是中华民族的瑰宝。"五台山深宏阔大的气势，气象万千的景观，万古常新的生命力，不啻为中华民族的缩影。"①"五台山文化是中国传统文化的缩影，中国传统文化的精华部分很多方面都可以在五台山佛教文化范围里体现出来。"②五台山是佛教文化和自然山体珠联璧合的世界文化景观遗产。它蕴藏着极其丰富的文化，又有使人心旷神怡的自然景观，具有很高的科学价值、文化价值、文物价值、美学价值，是一处理想的旅游避暑胜地。所以，任先生对五台山情有独钟。用他的话来说就是："我人虽不在五台山，但心却经常惦记着五台山的发展前景。"③"我虽然人在北京，可是心里时时惦念着五台山研究和发展。"④任先生八九十岁的人了，工作仍很忙，从来不睡午觉，并谢绝了在外面的应酬宴请，还把研究工作移到每天早晨4—8点之间，时间对他来说就是"压缩饼干"。但他对五台山和五台山研究会却是时时惦念，事事关心，处处帮助，无私奉献。自

1985 年五台山研究会成立和《五台山研究》创刊以来，任先生一直是该会刊顾问。这个顾问对他来说，并不是一种荣誉，而是一种责任、一种负担，但他并不觉得麻烦，而是有问必答，有时还主动地告诉我们目前应做些什么，怎样去做。他曾 4 次来五台山调研考察，参加会议，为《五台山研究》杂志题词，为五台山研究丛书作序。他说："五台山的研究和开发，是综合性的、对外开放的。这必须密切结合经济开发进行文化开发，结合经济建设进行文化建设。为了更好地开发这里的文化资源，我们要用历史唯物主义为指导进行研究，佛教信仰反倒是有一定局限性。佛教信仰是个人自由，有信有不信。文物保护、文化研究，是全民族都有责任，不光是佛教徒的责任。"⑤这不仅给我们指出了研究的立场、观点和方法，而且也指出了要组织社会各界对五台山进行研究。他还说："我觉得我们五台山的佛教音乐也可以考虑把它作为研究、开发、扩充、推广的内容。因为音乐本身就有中国文化的内涵在里面。""我们也可以把研究范围延伸扩大到五台山的生态、地质。因为生态、地质就是五台山文化的部分，与五台山佛教有着密切关系。"⑥现在我可以欣慰地告诉任先生，我们遵照先生的指示，不仅开展了对佛教文化的研究、挖掘，而且也进行了深入细致

的地质文化、生态文化和佛教音乐的研究、探讨。而且这几项研究都取得了令人满意的成果：五台山已被列入了"世界文化景观遗产"、"国家地质公园"，五台山佛教音乐也被列入了"国家非物质文化遗产"。这些成绩的取得是您指导的硕果，也是您的智慧的结晶，您是五台山的功臣。

关于五台山研究会和《五台山研究》的发展壮大问题，任先生说："由此，我想到印度有关国际大学，它培养出了许多国际知名人士，我们中国人在那里留学的也很多。这个大学的章程规定：校长由印度的政府总理来兼任，政府总理变更，校长也同时变更。这样，学校的发展不受政权变更的影响。根据印度国际大学的经验，我在参加山东墨子研讨会时就建议该学会参照印度国际大学的做法，学会会长由山东大学书记来兼，副会长由学会所在地的枣庄市委书记来兼，这样对学会的发展稳定有帮助。该学会采纳了我的建议，效果很显著。"⑦我们五台山研究会采纳了任先生的建议，会长由副省级干部兼任，副会长由研究会所在单位山西省社科院和研究会所研究的对象五台山的管理局局长兼任，秘书长由具有组织领导能力的专家担任，遂使五台山研究会在多次领导变动中没有受到什么影响，反而稳定发展，路子越走越宽广,成绩越来越显著。因此说,任先生不仅是五台山研究会的创始人之一,也是五台山研究会成长壮大的指路人,先生功不可没。

任先生在 2002 年 8 月 8—11 日 "五台山佛教文化国际学术会议上的讲话" 中还说:"五台山研究会成立之后,又办起了专业杂志,而且办得很好。看到事业的兴旺发达,我非常高兴和感动。""《五台山研究》杂志在国际、国内都已经引起了人们的关注,希望这个刊物不仅办下去,而且越办越好。因为这是一个宣传五台山、研究五台山的园地。"从 1985 年《五台山研究》创刊伊始,任先生就参与此事。他曾为创刊号题词:"开发地区文化资源,发扬中华民族优良传统,增进国际文化交流。"为《五台山研究》杂志指明了方向。1988 年,他还为该杂志题写了 "五台山研究" 刊名,留下了珍贵的墨宝。我们寄给他的杂志,他每一期都要浏览一下,看出什么问题,或是想到什么问题,不是写信指出,就是予以指导,或是见了面时吩咐一番。他那长者风度、老师风范、对事业的关心、对学生的鼓励,不时浮现在我的脑际,给了我前进的动力、工作上的鞭策。在此,我告诉先生,五台山申报世界遗产所用资料没超出咱们 "五台山文化丛书" 和《五台山研究》杂志所载资料的

范围，《五台山研究》大大助了五台山申遗成功一臂之力。这也是您辛勤指导的结晶。

南宋大臣、文学家、爱国诗人、民族英雄文天祥说："人生自古谁无死，留取丹心照汗青。"任先生安息吧！你的思想光照史册，你的事业后继有人，你的恩情刻骨铭心！

参考文献

① 崔正森：《五台山游记选注》，山西人民出版社。

②③④⑥⑦ 任继愈：《五台山是中国文化的缩影》，五台山研究 2002.3。

⑤ 任继愈：《在五台山研究会首届学术思想讨论会上的发言》，五台山研究 1988.1。

悲情怀中忆任公

曹　琦

　　自从得知任先生逝世后，脑海中总是很不平静，相识已五十来年了，情感上是不易接受的，可是人患上了这"药医不死病，死病无药医"的绝症，谁也无可奈何，只有面对现实，以表悲痛和哀伤。

　　前面一些同志的发言，对任先生一生在治学和为人处世等等方面，均作了较全面的缅怀和追思。任先生是一位学者，同时又是一位非常有远见和才能的学科领导人。为了不重复，我在这些方面仅补充几件具体事实。

一　鼓励我学习

我同任先生相识是在 1955 年，那时我在北京大学党委工作。当时哲学系一学生班级党支部和团支部产生了矛盾，党委派我去解决，因数次去哲学系，有一次在系里同任先生有了接触。那时人们对从朝鲜抗美援朝回来的人员，似怀有一点神秘感，愿意相互交谈交谈，可能任先生也有点这方面因素。他问我："听说你在朝鲜负了伤，现在伤口情况怎样？"我回答说："基本上好了，但仍在恢复中，我的手逐渐能看到血色了。慢慢就会更好的。"任先生又问："今年多大啦，过去都上过什么学？"我告知："25 岁了，曾上过一段简师。"任先生又问："在军队里做什么工作？"我答道："离开部队时，曾在独立炮大队任参谋长。"任先生说："噢，有一本孙子兵法看过么？"我回答说："没有看过，今天还是头一次听您说。"任先生接着说："现在来到学校工作，在学习上有了条件，趁年轻不打仗了，抓住机会，要多学点知识，文科各系有的课程感兴趣，就可抽时间去旁听一些，好了，以后有机会还可再聊。"我向他深表敬意后，各自分开了。但自那之后，我在脑海里经常琢磨着他这番话，并启发着我再上学的愿望。正好1956 年中央提出向科学进军，并谈到工农干部凡有条件的可以鼓励他们上学，我借此东风，考上中国人民大学哲学系研究生。对此，我非常感激任先生的关爱，永生难忘。

二　组建科研处

我于 1978 年调来宗教所，到所后，任先生一次同我谈话说："社科院在恢复，宗教所也一样。宗教所现在就二十多个人，各种机构都很不健全，原有的研究室要把工作恢复起来，还要根据需要，重新建立一些新的研究科室，要做的工作不少，但困难也很多。你现在要抓的工作，就是要很快把科研处给组建起来。戴康生、杨雅彬、黄陵渝归你领导，任务是：（一）原有的研究室要逐渐把工作开展起来，急需的研究室要积极地准备条件组建起来。（二）搜集和积累研究资料，以后还要建立科研档案。（三）发现人才，充实科研队伍。"当时宗教所的办公地址，就在建内大街 5 号院里西北角一

座破旧的小灰楼里，在这里给科研处挤出一个 10 平方米左右的房子，我们本着任先生的指示，几个人作了分工，戴康生负责对外，杨雅彬负责科研，黄陵渝负责办公室，我负责全面工作，出现的所有问题，归总到我这里，然后组织大家研究解决，凡解决不了的汇报给所领导。

没过多久，任先生找我说："现在院里决定要建立研究生院，同各所是对口的，就是说院里有什么所，研究生院就办什么系，就宗教所来说要办宗教系。这是一件大好事，对我所充实科研队伍，发展壮大研究所都十分有利。你把科研处一些工作让别人去办，然后到研究生院去一段时间，待学生来校报到时，能有地方住，又有地方去吃饭。如果这些方面有什么问题，就由你出面同研究生院交涉解决，同学们刚来人地两生，不要造成无人管的状态。"那时研究生院初办，暂时借了北京师范大学一座白楼，各系都拥挤在这栋楼里，条件只能做到不让同学们住露天，不饿肚子。虽然环境非常艰苦，但大家还是很乐观的。我遵照任先生的指示在研究生院待了约两个月，情况基本安定下来，就要开始上课了，所里派来谢雨春同志换了我回来。

三　编写《宗教词典》

大约到了 1979 年，所领导根据研究工作的需要提出编写一本《宗教词典》。任先生对编写《宗教词典》一事极为重视。当时被看做是宗教所头等大事。他强调说："要通过编写《宗教词典》，对宗教研究所的工作起到全面促进作用。如：对业务的开展；资料的搜集积累；研究人员的业务水平的提高。同时还可以了解全国有哪些对宗教有研究的人员。"此项任务任先生总负责，并指定黄心川副所长协助任先生，让我在黄心川的领导下具体实施和落实《宗教词典》的编写工作。《宗教词典》工作启动后，所里将张伟达同志调来协助我工作。词典工作始初，是先由宗教所原有各研究室如佛教研究室、基督教研究室、伊斯兰研究室提出一个词目初稿交到所里，经所里归总后，再在此基础上，邀请所外有关人员对词目进行补充和修改。于 1980 年 5 月在黄心川副所长领导下，宗教所在江苏宜兴县召开了一次《宗教词典》词目定稿会，参加会议的除了宗教所人员外，还有上海、华东师大、北京有关单位人员。上海社

联主席罗竹风同志也来参加了会议。经过宜兴会议后，《宗教词典》的词目有了一个雏形，但还很不完善，有的科目还未找到人承担。回到北京后，经由任先生审阅，并为《宗教词典》编写工作进一步做准备，如《宗教词典》的道教部分开始没有找到承担人，还是一个空白点。经了解四川大学的卿希泰同志数年来，对道教方面做过研究，还写了部分道教史稿。为此，所里就派我去四川大学找卿希泰同志，动员他承担道教部分。我去后经了解以上所说均属实，又拜读了他的部分道教史稿，就提出请他承担《宗教词典》的道教部分，卿希泰同志非常愉快地接受了这项任务。自那以后，我曾数次去四川大学。虽然卿希泰同志承接了此项工作，但他又面临着诸多方面的矛盾和困难，如：经费的问题，人员调配的问题，组织机构的问题等等，均使他耗费精力又极为辛苦。世界宗教研究所曾在任先生的指示下，在四川大学设立了一个研究道教的小组，《宗教词典》的道教部分，自始至终在四川大学卿希泰负责下完成。

《宗教词典》编写工作转入释文阶段，要求要有这样几个方面工作配合：一、除宗教所人员参加外，还要从外面邀请一批专业人员，如上海的郑建业先生、内蒙古大学的杜继文同志、四川大学卿希泰同志、上海徐家汇宗教人士、北京有关单位的专家等。二、落实出版问题，在罗竹风同志的协助下，上海辞书出版社接纳了这一任务，该社决定以严庆龙同志为首共五人从事这项工作。三、从事《宗教词典》释文的人员，需要集中在一起，便于遇到问题随时可以大家共同研究解决。因此，一个大难题摆在宗教所面前，迫切需要解决人员集中的房子问题，对此任先生非常着急，曾向院里提出，而院里也无房提供。花钱去租，宗教所又拿不出这批经费。心急如焚的任先生无可奈何地对老黄和我说："大家都再想一想，'天无绝人之路'，看还能有些什么办法可想。"尤其看到任先生着急的神情，我心里就想，任先生是搞学问的人，这房子问题本应归属行政方面解决的问题，让一位学者和我这科研处大伤脑筋，真成了特殊情况下的特殊问题了。

过后我思想上总挂着房子的事，就在这节骨眼上，有一件事浮现在我脑海里。大约在1974年我去看望了一位老领导，在他家碰上了北京市农林局党委书记宁安玉同志，他也是来看老领导的，经介绍我们认识了。他给我的第一印象是位诚实、憨厚的老同志，在相互交谈中，宁书记对那位老领导谈道："北京市领导决定，要他们把北京市所属的公社书记都集训一次，因为'文

化大革命'的派性残余还存在，影响着生产，集训中心问题，是要提高大家认识抓生产的重要性。现在各方面的准备工作都差不多了，作报告就请市领导同志。但集训不能光作报告，还得给大家讲点什么。现在的问题是，经过'文化大革命'不知道到哪里请这方面的讲课老师？"说到这里，老领导开口说："这有什么难的呢？找他（指了指我）让他帮你解决，有困难么？"我立马回答说："既然您老领导发话了，我能不尽力而为么？"那天我和宁书记各自留了办公室电话。回到单位后我向领导请示汇报后，经领导同意，我选了两位老师，一位是多年研究《资本论》的，另一位是长期讲授政治经济学原理的。我带着这两位老师到了香山普安店农干校见了宁书记，农干校的各位领导极为热情地接待了我们。经了解农干校已有两位从事政治辅导工作的同志，大家合起来搞了个临时教研组，依据集训宗旨，研究出三讲授课题目，然后各自去分头备课。在农干校我待了两期。因为有别的任务我就离开了。

为编写《宗教词典》解决房子的事，让我想起了农干校，想起了宁书记。此事我没有先对任、黄二人讲，怕先说了事情没办成，放一阵空炮，不让人失望么。我去前先与宁书记通了电话，然后去了一趟农干校。一见面，宁书记就批评我是"鲤鱼跳龙门，摆尾不回头"。我向他们作了自我批评，接着把编写《宗教词典》需要人员集中，但因为找不到房子整个工作停顿的情况做了汇报。宁书记听后说："你来得正好，现在正办着一期，但不是北京市的。是华北局把华北范围内一些县里管农业的书记调来集训，人数不太多。目前东北角还有两排房子空着，大约有二十来间，里面床被用具齐全，长期没人用了，你们要用，我让他们安排人打扫一下。"听他这一说，我心里好似一块千斤重的大石头扑通一下落地了。当时，我还对宁书记说："我得先把丑话说在前面，我调到这个所时间不长，据我所知，这个所还处在赤贫阶段，钱是没有的。"宁书记马上说："哎呀，看你说的，谁跟你要钱啦！"他这么一说，我心里就更踏实了。

　　我回到所里，向任、黄两位领导将农干校领导同意借房一事做了汇报，他们听后有点惊奇又甚为高兴。没隔几天，任先生要我陪他去看一看房子。农干校对任先生的到来极为热情，看后任先生表示非常满意。在回来的路上对我说："能借到这样的房子太难得了，在香山脚下，空气好，风景也好。回去抓紧时间，尽快集中人员，力争尽早把释文工作开展起来。"

　　大约于 1980 年 9 月左右，编写《宗教词典》的人员，进驻到农干校的，除了本所人员外，另有上海辞书出版社严庆龙等五人；上海的郑建业先生以及徐家汇的宗教人士六人；四川方面七人；内蒙古大学的杜继文同志，西藏的杨华群先生等。农干校的两排二十余间房子，均被我们占用了。另外，农干校还决定将他们领导同志用的一间办公室，在任继愈先生来时归他使用。

　　《宗教词典》释文工作，自 1980 年 9 月间开始，一直进行到 1981 年春节前，度过了一个完整的冬季。虽然条件还是相当艰苦的，但是农干校的领导和同志们都尽其所能对我们的工作给予了尽心尽力、无微不至的支持。寒冬时节，每个房间都要生煤球炉子取暖，农干校领导安排了两位临时工，负责照管火炉、打扫卫生，同时又给每个房间送开水。火炉生起来，想要没有灰尘那是无法做到的。时过七八天，每个人的眼圈黑了，鼻孔也黑了，大家需要洗澡的问题就迫在眉睫。我向农干校领导提出大家洗澡的问题。这给农干校领导提出了一个大难题，让他们十分为难。因为他们的洗澡设备功能极小，又年久失修，亟待更新，但经费不足，干校自身为洗澡的事，早已是件矛盾不断的头痛事。

　　当想到农干校领导和同志们对我们已做出了百分之

二百的支持，再难为人家，那就是得寸进尺了，也太缺乏理智了。想来想去我想到了高等军事学院，两处相距也比较近。

我有一位老战友，叫陈克南，时任该院后勤部长，我只好去向他求助了。当我们见面后，我向他说清了情况，要求他给解决三十来人的洗澡问题，他很痛快地答应了，并找来一位科长。经协商，决定每周三、六下午三点来洗。待我回到农干校，把军事科学院同意解决洗澡一事讲了以后，农干校领导提出每次去洗澡，由他们出车分批接送。关于洗澡的问题，就这样解决了。

在《宗教词典》编写期间，任继愈先生的工作是去所里一天，来词典组一天，同大家同吃同工作，他本身视力非常不好，来来去去极为辛苦。

任先生和我相识在1955年，现在已五十多年了，感情依然存在，我衷心地祝愿他，乘鹤西去的道上一路顺风。

2009年9月14日

任老的关怀与华侨大学
宗教学科的成长

黄海德

2009 年农历己丑年，中国学术界在这年年中的同一天失去了两位在国内外有着重要影响的学术大师，任继愈先生与季羡林先生的不幸逝世，成为中国学术界乃至神州大地的重大损失。任老和季老通过毕生的辛勤耕耘，将有限的个人生命融入国家与民族的崇高学术追求，深契传统，融会中西，在哲学、宗教、历史等领域建立了一座座巍峨的学术丰碑，道德文章，高山仰止，成为我们后辈永远景仰和学习的人生楷模。

也许是因缘际会，两位大师都同处于南方著名侨乡的华侨大学有着或多或少的学术或教育方面的因缘。华侨大学创立于20世纪60年代，是国务院侨办直属的部属高等院校，以"面向海外、面向港澳台"作为学校的办学方针，以坚持"为侨服务、传播中华文化"作为学校的办学宗旨。根据创校时所制定的办学方针和办学宗旨，学校又拟定了具有侨校特色的校训，这就是"会通中外，并育德才"。当年制定校训的用意，"会通中外"主要侧重于表达治学方法，意思是会合中外文化而变通或贯通之；"并育德才"则侧重于阐明办学方针，意指育德与育才不可偏废，应当并重齐抓，使其互相促进。因此，"会通中外"旨在如何做学问，标示师生对真理的追求；"并育德才"讲的则是如何育人和做人，标示师生对价值的追求。而真理追求和价值追求的统一，正是校训的精华所在。而这个具有华侨大学特色的校训题词者就是名重中外的季羡林先生，至今季老的题词还鲜明地塑立在华侨大学标志之一的承露泉旁边，激励着我校的教职员工和师生同学不断的思考和上进。斯乃季羡林先生同华侨大学的因缘。

而任继愈先生同华侨大学的因缘，是同我校宗教学科的建设和成长密切相关的。综合各方面的实际情况来看，华侨大学的宗教学研究有着两方面的优势。第一方面的优势是由华侨大学的办学宗旨所决定的。学校的办

会通中外
并育德才

李嘉林题 [印]

学宗旨是"面向海外","为侨服务",据中国侨务部门
统计，现在居于海外的华侨华人总数大约有 4000 多万，
分散在世界各地，尽管由于时代的变迁大部分人的人生
观念已由过去的"叶落归根"转向为"落地生根"，但
是其生活方式尤其是精神生活的主要内容还是同中国传
统文化有着内在的"血缘"关系，而以佛、道及各种民
间信仰为主要内容的宗教信仰则是大多数华侨华人的精
神诉求和人生安慰。长期以来，国内学术界对海外华侨
华人的研究多注重于华侨华人的移民历史、社区生活、
社团活动、侨乡状况、华文教育、文学作品等方面的探
讨和研究，在这些方面结出了丰硕的研究成果；然而对
在海外传承数代、人口众多的华侨华人的精神世界探讨
甚少，尤其是与精神世界密切相关的宗教信仰方面，研
究的数量可以说是极为稀少。北京大学华侨华人研究中

心积 10 年之力编撰出版的《华侨华人百科全书》12 卷，甚至没有单独列有"华侨华人宗教信仰"的部分，仅在《社区民俗》卷里面介绍了"寺庙宫观建筑"和"华人民间信仰"的少量内容。这种现象充分说明，作为华侨华人研究重要组成部分的"华侨华人宗教信仰"的研究至今没有受到我国学术界应有的重视。因此，以"面向海外""为侨服务、传播中华文化"为办学宗旨的华侨大学开展宗教文化方面的学术研究，就应该把海外华侨华人的宗教信仰作为其主要研究对象，这样一来，既同华侨大学的办学方向一致，也容易做出自己的研究特色。第二方面的优势是，华侨大学泉州校区坐落在福建省著名侨乡泉州市，泉州是一个具有悠久历史的文化名城，由于特殊的地理位置和历史机遇，数百年来曾经有多种中外宗教在这里传播和生存，留下了大量的宗教历史遗迹，如佛教、道教、基督新教、天主教、伊斯兰教、印度教、犹太教、摩尼教与妈祖、清水祖师、保生大帝、关帝、土地公等大量的民间信仰，其中有些宗教传统至今仍对闽南民众的社会生活产生着某种程度的影响，以至泉州素有"世界宗教博物馆"的称号。这种特殊的人文历史环境无疑给华侨大学的宗教文化研究提供了得天独厚的有利条件，因此多年以来华侨大学的部分教师在

做好自身"教书育人"的本职工作以外，投身于与华侨华人有关的宗教信仰研究，取得了一定的科研成绩。但是，这种研究毕竟是个别和分散的，既缺乏志同道合的学术团队，也没有经过深思熟虑而制定的研究规划，更没有确定的研究对象和内容。为了从根本上改变这种状况，推进华侨大学的宗教文化研究工作，在新世纪到来之际，学校和学院的领导毅然决定，组建"华侨大学宗教文化研究所"。这项工作从一开始就得到了任继愈先生的关怀和支持，任老当时在电话中对受任组建宗教文化所的黄海德教授说，"我一如既往地支持你们的工作，有什么困难请跟我联系"，这句话既表达了作为中国宗教学会会长的任老对宗教学科新生研究机构的大力支持，又倾注了学术界前辈对中青年后学的扶持奖掖和殷殷关切之情，可以说，华侨大学宗教学科在新世纪的起步就是在任老的亲切关怀下迈开的，由此我校宗教学科就同任老结下了难忘的不解之缘。

宗教所组建不久，华侨大学副校长张禹东教授、宗教所所长黄海德教授和研究人员一行就专程赴京向任继愈先生汇报和请教。在我们的回忆中，任先生总是那样谦虚和蔼，平易近人。他在南沙沟小区的住处会见了我们。在听取了我们关于华侨大学宗教所的组建情况和学科的初步规划以后，任先生认真地提出了三点意见：一是要尽快组织好学科队伍，最好是老中青结合，首先搞好学术梯队建设；二是要确定适合学校的研究方向和确定的研究内容，华侨大学开展宗教文化研究，可以先考虑开展华侨华人宗教文化研究方面，这样可以走出自己的路子，办出学校的特色；三是在研究中既要避免空洞形式和言之无物，又要脚踏实地地开展工作，这样持之以恒，才能见到实效。听到任先生的具体指示和亲切话语，大家都很兴奋，当场向任先生表示，今后华侨大学的宗教研究一定努力地按照任老的指示去做，决不辜负任老的教诲和期望。任老很高兴，从书房拿出一部他主编的《佛教大辞典》，亲自题字后赠送给我们，并欣然应允为"华侨大学宗教文化研究所"题词，担任宗教所的名誉所长。

回到学校以后我们经常和任先生联系，向他老人家汇报华侨大学宗教学科的进展情况，任先生也经常地关心询问。有时到北京开会或出差，我也到北图办公室或南沙沟小区拜望任老。在任老的关心下，我先后参加了任老组织的一些大型科研工作，如《中国道教史》的增订工作与《宗教大辞典》的撰写工作。至今记忆犹新的是，任老和钟肇鹏先生主编的《道藏提要》出版多年以

后，任先生觉得需要根据道教学术研究的进展情况予以修订，在百忙之中亲自写信寄到学校，希望我对《道藏提要》的修订提出具体的意见，作为一代学术大师，能够如此操劳学术，谦虚待人，使我心里十分地感动和震动。作为华侨大学宗教学科的一员，在参加这些学术工作的过程之中，既向前辈学者学到了很多学术方面的知识内容和治学方法，也使自己领悟了做人的道理和人生的方向，特别是任先生用自己的言行给我们树立了一个使人敬仰的人生楷模。现在回想起来，任先生给予我们学科的关怀和支持实在太多太多，我们心中明白，任老的关心和支持，一方面是工作的鼓励，另一方面也是工作的压力，只有努力工作，做出成绩，才能报答任老关爱华侨大学宗教学科的一番深情厚谊。

华侨大学宗教文化研究所

任继愈题

八年多以来，在任老的直接关爱与学校、学院领导的支持下，在中国社会科学院世界宗教研究所的直接指导下，得到众多学术界同行的帮助和支持，华侨大学宗教学科遵照任老的教导，克服了不少困难，一步一个脚印地往前走，在宗教学科的梯队建设、研究项目的规划和实施、申报国家级和省部级的科研项目、争取专业学位点、培养宗教专业研究生、科研成果的取得等方面做出了初步的成绩。首先，学校先后从厦门大学、四川大学、武汉大学、南京大学、中国人民大学等重点大学引进了多名专业博士，充实了学科队伍，与原来从事宗教学研究的几位老教授一起组成了一个职称、年龄等结构合理的学术梯队；其次根据学校的特色与环境优势制定了华侨大学宗教学科的发展规划，以华侨华人宗教研究作为学科的研究重点，以道教与民间信仰作为学科的研究特色，结合中国传统文化的佛教研究与儒教研究，共同构成我校宗教学科的主要研究对象和内容；在科研方面，近年来争取了"华人宗教与东南亚现代化"、"东南亚华侨华人传统宗教源流、演变及现代转化之研究"、"海外华人道教与中国民间信仰"、"中国佛教本觉思想研究"等多个国家社科基金课题，10多个省部级和国侨办的科研项目，编撰出版了《宗教与文化》、《宗教与社会》、《宗教与哲学》、《华侨华人民间信仰研究》、《保生大帝研究》、《道教生态伦理思想研究》等10多部学术著作，在《世界宗教研究》、《哲学研

究》、《宗教学研究》、《中国哲学史》、《佛学研究》、《民俗研究》、《华侨华人历史研究》等核心学术刊物发表论文200多篇。研究所在学校领导的支持下，先后同中国社科院世界宗教研究所、中国道教协会道教文化研究所、台湾辅仁大学宗教学系、台湾中华哲学研究社等机构合作多次召开了以道教文化、闽台宗教等为主题的学术会议，同海内外的宗教学术机构建立了广泛的联系，通过学术交流和合作，我们学习和收获了很多。

这几年华侨大学宗教学科在大家的支持下，通过自身的努力，取得了一些初步的成绩，得到了学术界众多前辈和同行的肯定和鼓励；但我们心中明白，这只是千里之行迈出的第一步，与北京、上海、四川、武汉、南京、厦门等地的老大哥单位相比，还有着很大的差距，需要我们一点一滴地不断努力向前，做出更多的成绩，才有可能逐步缩小差距，成为全国宗教学研究机构的重要成员。援笔至此，我们更加怀念支持我们建立宗教学科、扶持我们逐步成长的任老先生，可以这样说，如果没有任先生的大力支持和关怀指导，也就没有华侨大学宗教学科今天的成绩。当然在学术的道路上，明天的路还很艰难，也还很漫长，古人云"路漫漫其修远兮，吾将上下而求索"，我们有着坚强的信心和恒心，一定

会沿着任先生指点的路，探求真理，辨章学术，努力求
索，永不停步，谨以此心意和信念来告慰任先生的在天
之灵！

高山仰止，景行行止

——怀念任继愈先生

陈宜安

2009 年 7 月 11 日，令人悲伤，令人难忘。任继愈先生仙逝，大地为之哭泣，天空为之沉痛。为了表达我们的悲伤，我们马上拟就唁电，寄托我们的哀思——

中国国家图书馆　收

深切悼念任继愈先生！

经由金泽先生、刘魁立先生的推荐，我得以拜见任继愈先生，当面聆听先生的亲切教诲；先生高度肯定并支持我们进行"妈祖文化千年史编"等系列项目的研究，还为我们题词，与我们合影留念……

先生积极支持我们福建省开展全民终身教育，亲笔来信鼓励我们继续办好《终身教育》杂志；从终身教育的角度，我们深深以为任继愈先生是一个光辉的榜样，已经列入专题采访的重要人物名单之内……

任继愈先生千古！

继承先生遗愿妈祖文化愈益根深叶茂志在两岸统一大业

弘扬先生精神终身学习再添繁花硕果促进中华民族复兴

福建省社会主义学院、中华文化学院副院长

福建省全民终身教育促进会副理事长兼秘书长

陈宜安敬挽

国家图书馆也马上给我们发送回电——

2009 - 07 - 12，zswyh@ nlc. gov. cn：

>陈先生：

>　　您好！

>　　唁电已收悉！我馆对您深切的哀悼和诚

挚的慰问深表谢意，并将及时向家属转达。

国家图书馆

2009 年 7 月 12 日

＞

　　国家图书馆在这个时刻还不忘给我们回电，可见任先生的懿德尚存，遗风还在！我们为之感动，马上表示我们的感谢之意——

　　国家图书馆，你们好！

　　十分感谢你们在百忙之中的回信，并转告先生亲属，请大家多多保重，节哀顺变！今早我们与中国社科院宗教所金泽所长通过电话，购买花圈的经费请他帮我们暂付，请你们先帮我们向先生敬献花圈。

　　对先生最好的悼念，就是继承他的遗愿和学习他的伟大精神！他是一位人民心中的道德楷模和终身学习的榜样！

福建　宜安上

　　2009 年 7 月 12 日这一天，我再次拿起先生 90 岁高龄时赠送给我的大作《老子绎读》，想起 2006 年岁末他还不忘亲自给我寄来这本书，并且在书首页签名。先生手泽如新，可老人已驾鹤西行——

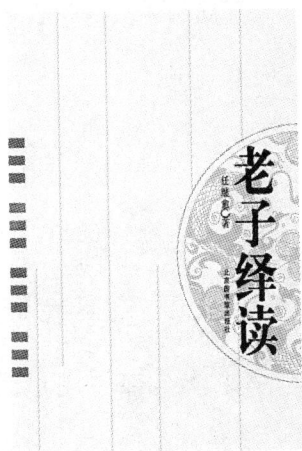

先生在前言中写道："'生也有涯，学无止境'这是我的座右铭。《老子》译文不断修改，是我对待生活的态度。学无止境，永远不知足。"先生治学严谨，四次修改这部著作。

　　第一次，先生在"1956 年，接受为东欧保加利亚到北大读书的留学生讲授中国的'老子'哲学的任务。首先要有适当的教材。当时北大图书馆的外文译本有英译本十来种。我看了，都不大满意，有的把原文理解错了，有的不知所云。于是只好自己先把它译成现代汉语。外文译本也都是译成现代外语的。在讲义的基础上，修改、参照历代注释，整理出版，称为《老子今译》。最先由古

籍出版社出版”。

第二次，“在中国哲学史教学中，发现《老子》哲学的重要性，非同寻常，对《今译》有所修订，在上海古籍出版社出版了《老子新译》。这时在湖南长沙发现了帛书《老子》甲、乙本。文字上有所差异，有助于理解《老子》”。

第三次，“四川巴蜀书社约我主编一套‘哲学古籍全译’，计划从先秦到明清，选出一系列的重要典籍译为现代汉语（可惜由于各种原因，这套书未能全部完成）。我又把《老子》重译了一次，书名为《老子全译》”。

第四次，“马王堆帛书本，体现了汉初《老子》书的面貌，后来湖北荆门楚墓出土竹简本《老子》甲、乙、丙本，写成约在公元前300年，它体现了战国时期的《老子》面貌。我决定对《老子》作第四次翻译。”“‘绎’，有阐发、注解、引申的涵义，每一次关于《老子》的翻译都伴着我的理解和阐释，因此，这第四次译《老子》称《老子绎读》。”

从1956年到2006年50年间四次修改，可以说任先生是《老子》研究的集大成者，《老子绎读》是《老子》问世2000多年来的最新学术成果。更是坚持终身学习、不断创新和思考的结晶。他说：“现在这个译本是我90

岁时修订本。如果再过几年学有长进，也许还要再行修订。"

正因为如此，任先生特别关注终身教育这一现代教育思想，当他得知我们福建省开展终身教育立法，出版《终身教育》杂志的时候，就亲笔来信鼓励后学——

陈宜安先生大鉴：

　欣知先生主持"终身教育发展研究中心"，成绩斐然经验丰富，贵处如有可供参考资料，深盼惠赐。这一有待开发的新领域如能有更多的人一起努力，成绩就更快了。

　敬颂

　文祺

　　　　　　　　　　　　任继愈

　　　　　　　　　　　2004 年 1 月 29 日

任先生在信中对我们福建省开展终身教育工作给予了高度的肯定、热情的鼓励，寄予了殷切的希望；同时还表现出他对新领域、新知识的执著追求精神；并认识到终身教育是一个"有待开发的新领域"，表明了他对现代终身教育思想的高度敏感、高度关注和极其重视。显

示出他的高瞻远瞩和远见卓识。还体现了一位学术前辈对于我们后辈的关怀和鞭策。

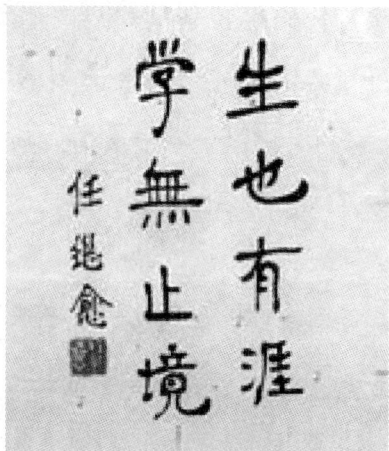

生也有涯　学无止境

任继愈

实际上，先生不仅是著名哲学家、宗教学家、历史学家，而且还是站在时代前列的教育家和思想家。是终身学习思想的提倡者和先行者。

对于教育问题他在中央电视台"大家"栏目中谈到中国的教育，他表示"我有话要说"。

首先，他谈到日本"国土跟山东省差不多大，人口比山东省多一点。它的经济能力是世界第二，它的资源最少，除了阳光、空气，跟大家平均都一样以外，其他资源都少。可它为什么资源这么贫乏，而它又比较富裕，原因在哪里呢？就是这个科技，科技的基础就是教育。"认为："咱们人力是日本的好多倍。发动十三亿的五分之一的智力，发挥得好的话，那不就超过日本了？不用说全部都发动起来。这根据在哪呢？就是教育。"

因此他主张不仅要改革学校教育，而且要注重社会教育，大力抓好十三亿人的学习，提高全民素质和智力。他说："教育的途径本来有三个：家庭、学校和社会。现在由于许多家长是双职工等诸多原因，家庭教育几乎是空白，社会教育也没有启动起来，这使得长期以来，我国培养人才的途径，就只有学校一条路。他担心，这条路走下去，会限制了人才的脱颖而出。"

任先生还特别鼓励所有的人自学成才。"我欣赏科举，是鼓励自学。科举制度始终把自学放到第一位，古代也有书院，也有大学，大学的数目很少，国子监是国家的学校，各省也有一些书院。有官办的，有私办的。这些学校毕竟是少数。多数一边工作，一边学习，用自学的方法，来达到国家要求的水平。国家就用科举来选择学的好的。"

由此，先生十分强调教育公平和受教育权的问题。他说，"教育是人民受教育的权利，公民的权利，应该给他受教育的机会。"教育要"给人一个公开的机会，放个尺子，跳过去就及格了，跳不过去就接着再继续练。不要求限你几年"。"真正人才，社会这么大，十三亿人口，

几亿的孩子，藏龙卧虎有的是，多得很。会出现很多人才，不过你得给他机会。没有机会他怎么表现呢。"

他认为要将社会教育与学校教育平等看待，"同等学力，中学同等学力，大学同等学力，研究生同等学力都可以，承认这个同等学力就行。只要政策定了，达到这个标准，不管你是在校外学的，在校内学的，达到就行了，就承认你。"

他关注学习者的综合素质、人的全面发展和尊重个性发展问题。认为这不仅是个人发展的需要，也有利于适应社会需求。他说"基础打得宽，打得实，适应能力也强。调个工作很快就适应了。""人的天性禀赋是不一样的，用一种模式培养人才，只会削足适履，造成'南橘北枳'的结果。"

他认为应该教育学生树立崇高的理想。指出："一桶水，光取不添，会干涸。个人对于集体，如果只讲索取，不讲回报，或者索取得多回报得少，集体就没有发展。"批评有的毕业生抱有"不愿意开荒，只愿意收获"的态度，"一个地方给1000元工资，另一个地方给1500元，他就去给1500元的地方，全然不考虑理想，不考虑有没有兴趣。"

他曾说："一个人要获得成功，在选择目标时应考虑到社会的需要。作为社会的成员，不要过多地为自己考虑。因为社会给了各种条件让你得以生存与发展，同时你当然要对这个社会、这个集体奉献一些东西。光索取不奉献，光拿不给不行，这样下去社会就会垮掉。"

任先生不仅要求青年人有良好的道德，而且他自己也为我们树立了榜样。犹如任先生在他的《熊十力先生的为人与治学》一文中所言"从熊先生和许多良师益友的身上，使我懂得了应当走的路和如何去走。教训深刻，而又使我铭记不忘的，使我首先想到的是熊先生。熊先生这个人，以他的存在向人们展示了一种哲学的典型。"实际上这也是对先生自己本人的真实写照。他为我们和我们这个时代竖起了一座道德的丰碑。

他有自己做人的原则和坚守：他的三不主义就是不赴宴，不过生日，不出全集。并且"我只说自己懂了的话，吃不透的话，不要跟着乱嚷嚷，不要跟着瞎说，免得自己后悔。"

先生坚持真理、不断修正错误。他在《我对〈老子〉认识的转变》中指出："我重新检查了关于老子辩论的文章，实际上是检查自己，如果双方的论点都错了，首先是我自己的方法错了。"又指出："回顾20年来关于老子的研究文章、著作，没有讲透的地方固然不少，但更多

的失误，不是没有讲透，而是讲得太'透'，以至超出了《老子》本书及其时代所能达到的认识水平。因而讲得越清楚，离开《老子》本来面目越远。我们替古人讲了他们还没有认识到的一些观念，这就造成了方法上的失误。"

中共中央党校侯才教授说，公开承认自己的错误，对于一位成名已久的前辈学者来说，无疑需要很大的勇气。"然而，对学术真理的追求高于一切。正是在这样的自我批判中，任先生不断实现着学术的自我超越。"先生喜欢斯宾诺莎的一句话："为真理而死不容易，为真理而活着就更难！"正体现了先生以学术为生命，崇尚终身学习，一生都在学习中追求真理。

他注重将深奥的哲学理论化简，为大众所能接受。致力于学术大众化、经典普及化，在对《老子》这一传统的历史经典的研究中，开创了学术走向大众的先河。他认为"哲学包罗万象，哲学的理论是高度抽象思维的精神产品，好像与现实生活不那么密切。但是越是高度抽象的哲学，它的根基越深深地扎在中华大地的泥土之中。研究老子哲学，不能脱离中华大地，离不了中国的十三亿人民，也离不开全世界六十亿人民共存的现实世界。"

任先生做学问饱含巨大的现实关怀和社会责任，胸怀大众，关注民生。在我国，农民占人口的大多数。"我们走向现代化，靠的是自己的积累，出自广大农民无偿的奉献，出钱出力，甚至付出生命。有名的英雄可爱可敬，是学习的榜样。还有更多的默默奉献者也是英雄，他们就是几亿农民，值得永远纪念。"反映农民呼声最早、最系统的是《老子》；因此，他四译《老子》，情有独钟。他的《老子绎读》不仅是给自己看的，更是为大众写的。"我的译本不是根据古本、善本，而是以社会流行广，影响大的王弼本为底本。……因为中国传统文化的经典著作，并不是那些善本、古本等稀见的版本，而是通行本。""为了适于不同读者的需要，书中《老子》原文和注释采用繁体汉字，每章的内容提要和译文则采用简体汉字。"他还常常将自己的藏书赠送到农村，期望农民能够从中获益。

任先生十分忧虑"古籍整理工作又难学而又枯燥，愿意坐冷板凳的青年越来越少，后继乏人的困境越来越严重。"为此他甘为人梯，担当历史重任。

任先生还十分关心我们的妈祖文化研究课题。2003年6月30日时值正午，他不顾高龄，牺牲休息时间与我们座谈，探讨民间信仰的有关问题。他认为，"每一个民

族都有自己的文化，各民族文化都丰富了人类文化宝库"，为我们题词，嘱咐我们坚持做好这一研究。

　　任继愈先生是道德的楷模、学术的巨匠、终身学习的榜样，他虽然离开了我们，但是他留给了我们巨大的思想遗产，永远是我们取之不尽、用之不竭的精神财富，鼓舞和激励我们笃志前行。